FUTURE
成長と分配の好循環
DESIGN
公正・公平で持続可能な
社会を目指して
2040

（一社）日本経済団体連合会 会長
十倉雅和

中央公論新社

はじめに

私は2021年6月に経団連会長に就任しました。就任後の最初の挨拶回りの際に、今井敬名誉会長から言われた言葉が今も心に残っています。

「経団連は国全体のことを考えて正論を主張しなければならない。経団連が正論を言わずして誰が言うのか」

眼光鋭く言われた、力強いその一言にピンと背筋が伸びる思いがしました。この年になって、こんな気持ちになるとは思いもよらず、中西宏明前会長から急遽バトンを受け取った私の心の揺らぎを見透かされたような気がしました。

この時、私の経団連会長として進むべき道が決まったような気がします。時はコロナ下、社会全体に不安感や閉塞感が広まるなかで、ぶれることなくあるべき正論を発信する。そういう経団連でありたいと決意を新たにしました。

経団連会長に就任してから、繰り返し申し上げてきたキーワードは「社会性の視座」。これは、市場経済のなかに社会性の視点を入れるという考え方であり、今から50年も前に経済学者の宇沢弘文先生が提唱された考え方です。より良き社会なくして経済は成り立ち得ません。また、かのケインズは、ハロッドへの書簡で「経済学は自然科学ではない、道徳科学・モラルサイエンスである。これを行うには内省と価値判断を伴う」と言っています。持続的な経済成長は、公正・公平といったある種の価値観や倫理観を伴うものだと考えます。

こうした基本的な考え方のもと、「サステイナブルな資本主義」を掲げ、行き過ぎた資本主義の是正に注力して取り組みました。もちろん、資本主義は非常に優れた制度です。市場を通して効率的に資源が配分され、切磋琢磨した者が報われ、イノベーションが活発に生まれます。しかしながら、行き過ぎた資本主義は、大きく二つの弊害をもたらしました。その一つは地球温暖化に代表される「生態系の崩壊」、いま一つは「格差の拡大・固定化・再生産」です。経団連では、「生態系の崩壊」に対しては、２０２２年5月に提言「グリーントランスフォーメーション（ＧＸ）に向けて」に取りまとめました。いま一つ「格差の問題」に対しては、２０２３年4月に報告書「サステイナブルな資本主義に向けた好循環の実現」をまとめ、いわゆる「分厚い中間層の形成」を提言しました。

そして、経団連会長としての最後の年に、将来世代の立場も踏まえて日本の未来社会の姿を描く『FUTURE DESIGN 2040』（ＦＤ２０４０）を作成しました。わが国を取り巻く環境は混迷を深めていますが、このＦＤ２０４０を通じて、経団連は、引き続き、ぶれることなくあるべき正論を発信してまいります。

ご覧いただくすべての方にとって、このＦＤ２０４０が、日本の経済社会において、あるべき方向を示す手掛かりとなれば、これに勝る喜びはありません。

CONTENTS

第3章―Ⅵ 多様な働き方

FUTURE DESIGN 2040

成長と分配の好循環

公正・公平で持続可能な社会を目指して

第1章

FD2040の全体像

本書、『FUTURE DESIGN 2040』（以下、ＦＤ２０４０）は、日本の未来社会の姿と、その実現に必要な施策を提示するべく取りまとめたものである。すでにそのコンセプトは２０２４年12月に公表しているが、本書はより詳細に文章としてまとめ上げた。

ＦＤ２０４０において２０４０年をターゲットにした理由は、時間軸の長さにある。そのコンセプトを公表した２０２４年からすると、２０３０年はあまりにも近すぎる一方で、２０５０年はキリが良いものの、些か遠い将来であり、夢物語を語ることになりかねない。そこで、責任感を持って現実感のある未来を描ける年限として２０４０年をターゲットに掲げることとした。折しも、高齢化が著しいわが国において、２０４０年代は高齢者人口がピークを迎える頃合いであることから、２０４０年という時期は、日本の持続可能性を確保するうえで、非常に重要な節目になると考えられる。

第１章では、本書の全体像について説明する。本書では様々な課題と施策について論じるが、第１章で強調したいのは、それらが複雑に絡み合う「入れ子構造」を成していること、そうしたなかで目指すべき国家像を実現するためには全体最適の視点が不可欠であること、である。

わが国をめぐる諸課題

日本の将来を展望した時、大きな二つの制約条件、言い換えれば克服すべき課題に直面している。一つは、「少子高齢化・人口減少」という、わが国の人口構造のトレンドである。第3章－Ⅰで詳述する通り、少子高齢化・人口減少の主因はこれまでの少子化であるが、仮に出生率が改善したとしても、妊娠・出産が可能な女性の数自体が当面減少し続けるため、人口減少トレンドは避けがたい状況にある。

もう一つは、「資源を持たない島国」という、逃れようのない地理的環境である。様々な資源を輸入に頼らざるを得ないが、なかでもエネルギーは経済活動だけでなく、日々の国民生活において必要不可欠なものであり、これを確保し続けられるかどうかは、文字通り死活問題である。

さらに、自然災害の頻発・激甚化、生態系の崩壊、不安定な国際経済秩序といった地球規模の環境変化にもさらされている。

目指すべき未来社会とそこにたどり着くためのパスを描くうえでは、こうしたわが国をめぐる諸課題について十分に理解する必要がある。また、後述する通り、こうした諸課題と政府や企業等が展開する諸施策は互いに関係し合い、入れ子構造を形成している。

目指すべき国家像

ＦＤ２０４０では、目指すべき国家像について、「国民生活と社会の姿」「経済・産業の姿」「国際社会における地位」、の三つの観点からまとめた。その内容は次の通りである。

1．国民生活と社会の姿——公正・公平で持続可能な社会

■国民一人ひとりが誇りを持って主体的、自立的に個性や能力を発揮し、社会的役割を果たしながら、十分な経済的、時間的豊かさを享受することで、ウェルビーイングがかなえられ、将来世代が希望を持ち続けられる国民生活を実現する。

■公正・公平、安全・安心で、各々の多様性が尊重される包摂的で持続可能な社会を構築する。

2．経済・産業の姿——「科学技術立国」と「貿易・投資立国」による成長

■社会課題の解決を通じ、国内外の持続的な経済・社会の発展に貢献する「科学技術立国」「貿易・投資立国」を実現し、成長の源泉とする。

■「成長と分配の好循環」を継続させ、地域経済社会を含めた活力ある経済と分厚い中間層を形成する。

3. 国際社会における地位——国際社会から信頼され選ばれる国家

■総合的な国力の向上を図るとともに、官民連携による主体的な外交や国際貢献、人の交流を通じた相互理解の醸成により、法の支配に基づく自由で開かれた国際経済秩序の維持・強化に貢献する。

■国際社会から信頼され、選ばれる国家を築く。

「国民生活と社会の姿」を最上位に位置付けた理由は、これが究極的な目標であるためである。この「姿」を実現するためには、「経済・産業」が盤石でなければならず、「科学技術立国」と「貿易・投資立国」は、わが国がサバイブする、繁栄するために通らなくてはならない道筋（パスウェイ）である。また、「国際社会における地位」については、日本が国際社会の一員であることに加え、「貿易・投資立国」を実現するうえでも重要である。

柱となる分野

目指すべき国家像を実現するために必要な施策については、まずは、第2章で、その前提となるマクロ経済運営と、マクロ計量モデルを用いて試算した２０４０年の日本経済の姿について展望する。

そして、第3章で具体的な課題や施策について論じる。すなわち、Ⅰ全世代型社会保障、Ⅱ環境・エネルギー、Ⅲ地域経済社会、Ⅳイノベーションを通じた新たな価値創造、Ⅴ教育・研究、Ⅵ多様な働き方、Ⅶ経済外交である。

全体相関図

図表1－1は、前述の内容を図示したものである。

まず、上下に克服すべき課題である「少子高齢化・人口減少」と「資源を持たない島国」を掲げ、さらに右側にわが国を取り巻く地球規模の環境変化を置いた。左側には目指すべき国家像を示した。中央には、柱となる分野を列挙しており、各分野のボックスのなかには、それぞれの特に重要な施策を記載している。そして、矢印は一方がもう一方に影響を与えること、もしくは両者が互いに影響し合っていることを示している。マクロ経済運営は、あらゆる分野に影響を及ぼすため、矢印に加えて、点線で囲んである。なお、図示が可能な範囲で矢印を引いているが、現実にはより多くの矢印が引ける、すなわちより複雑に互いに影響し合っていると考えられる。ドイツの哲学者、マルクス・ガブリエルは、世界は「入れ子構造の危機」(nested crisis)にあると指摘したが、まさにその通りである。

この図のポイントはまさにこうした複雑な構造にこそある。では、複雑な「入れ子構造」である現状を踏まえることが、なぜ重要なのか。それは、いくつもの課題と施策が複雑に絡み合うなかにあっては、ある一つの課題を解決しようとしても、ほかの課題や施策に影響を及ぼしてしまいかねないことを理解するためである。

成長と分配の好循環

まず、本書のサブタイトルにも入れた「成長と分配の好循環」についてである。図表1-2は、その実現に向けて必要な三つの施策に絞って示してある。

経済成長に必要なのは、国内投資と個人消費の拡大である。国内投資の拡大に向けて、政府においては中長期の計画に基づいた、戦略的な財政支出を行うことが求められ、これにより企業の予見可能性が高まり、民間投資の拡大につながる。特に政府投資は、イノベーション創出という困難で時間のかかるものに対して行われるべきである。こうしたマクロ経済運営のことを「ダイナミックな経済財政運営」と呼んでおり、第2章で詳しく論じる。

一方、個人消費の拡大に向けては、当然、賃金引上げが必要となる。しかし、単に賃金を引き上げれば良いというわけではない。第3章-Ⅰで述べる公正・公平で持続可能な全世代型社会保障制度の構築を通じた、若年世代の将来不安の解消が必須となる。また、全世代型社会保障の構築は分配政策の一環であるが、同時に少子化対策でもあり、人々の労働参加を促す政策でもある。加えて、社会保障の財源論は国の財政問題そのものである。

入れ子構造

図表1－3は、「入れ子構造」について、よりその複雑性を表現すべく、図示を試みたものである。先ほど述べた通り、「成長と分配の好循環」には、消費と投資の拡大が欠かせない。消費については、全世代型社会保障の構築が必要だが、ここにある通り、社会保障や労働、少子化対策、さらにはマクロ経済運営など、様々な領域に跨るものである。

また、投資の拡大については、先ほど述べた通り、計画的な政府投資が求められるが、それだけでなく、博士など高度な人材が不可欠であり、そうした人材を育成する大学のほか、その前段階の初等・中等教育も重要になる。また、大学については、研究者に十分な資金と時間を与えられるよう、支援を拡充する必要があるほか、人口減少を踏まえて、都道府県よりも広域での連携（第3章－Ⅲで論じる「新たな道州圏域構想」）を推進する中で、大学の数や規模の適正化・統廃合を進めていくことも求められる。

官民が連携して投資を行う対象としては、例えば第3章－Ⅱで論じるグリーントランスフォーメーション（GX）が挙げられる。GXは前述の博士人材が不可欠であるほか、エネルギー問題にも直結するため、経済安全保障の中心的課題でもある。また、民間企業としては、開発したGX製品を海外にも展開しなければ投資費用の回収は難しいため、AZEC（アジア・ゼロエミッション共同体）[1]の取り組みのほか、グローバルサウス諸国との戦略的連携も重要となる。その意味で経済外交とも深い関連があると言える。

このように、様々な課題や施策が非常に複雑に絡み合っているのが現状であり、まさしく「入れ子構造」が形成されているのである。

全体最適の視点

では、こうした「入れ子構造」の課題にどう立ち向かうべきなのか。求められるのは全体最適の視点である。個々の分野だけに着目するようになると、部分最適を目指すようになり、合成の誤謬や悪循環に陥ってしまうおそれがあるためである。その最たる例は、第2章で説明する日本の長期低迷である。1990年代後半の金融危機以降、企業は生き残りをかけて、コストカットと海外進出を進めたが、国内の投資と賃金は低迷し、当然消費も落ち込むこととなった。

次章以降で論じるそれぞれの分野やその施策は、便宜上、章や節で分けている。しかし、全体最適が求められることから、より広い視野を持って、それぞれの施策を有機的に連携させながら、様々な課題に臨まなければならない。政府のみならず、企業も含めたステークホルダー全体で、社会性の視座に基づいて、問題意識を共有し、国民理解を得ながら、連携して施策を遂行すべきである。

1　AZEC（「アジア・ゼロエミッション共同体」）とは、11か国（アルファベット順に豪州、ブルネイ、カンボジア、インドネシア、日本、ラオス、マレーシア、フィリピン、シンガポール、タイ、ベトナム）のパートナー国が参加し、域内のカーボンニュートラル／ネット・ゼロ排出に向けた協力のための枠組み。

第2章

マクロ経済運営と
2040年の日本経済の姿

目指すべき姿

- 官民連携により成長と分配の好循環を継続させ、分厚い中間層を形成するとともに、財政の健全性を維持している

政府の役割

- 民間の予見可能性を高める中長期の計画に基づいた戦略的な政府投資と規制改革等の環境整備（官民連携による「ダイナミックな経済財政運営」の推進）
- 民間投資が困難な分野への戦略的・集中的な投資、ワイズスペンディングの徹底

企業の役割

- 様々な社会課題解決に向けた積極的な国内での設備投資、研究開発投資、人への投資の拡大
- 賃金引上げのモメンタム（勢い）の維持・強化、適切な価格転嫁、株主への公正な分配
- 成長と分配の好循環を確かなものとし、結果として投資超過主体へと転換

豊かな国民生活を実現するためには、適切なマクロ経済運営が不可欠である。良好なマクロ経済環境なくして、人々の所得を引き上げ、生活水準を向上させることはかなわないからであ

る。また、必要な政策を展開するための財源の手当てを行いつつ、持続可能な財政運営を行うことも、マクロ経済運営における重要な役割である。

本章では、まずマクロ経済をめぐる課題と、あるべきマクロ経済運営について述べる。そのうえで、本書が掲げる各種の改革を行った場合とそうでない場合の二つのケースで、2040年までの日本経済の将来推計について説明する。

現状認識

1 日本経済の長期低迷

日本経済は長きにわたり低迷してきた。バブル崩壊とそれに続く1990年代後半の金融危機以降、GDPは長期にわたり伸び悩んだ（図表2-1）。他方、諸外国では経済成長が続き、世界のGDPに占める日本のシェアは、2000年の14・6%から2023年の4・0%へと大幅に縮小し、世界における存在感は低下し続けた。

ただ、足もとでは、名目GDPが600兆円に達するなど、デフレからの完全脱却の兆しが見えている。この勢いをさらに加速させ、経済を持続的な成長軌道に移していくことが、マク

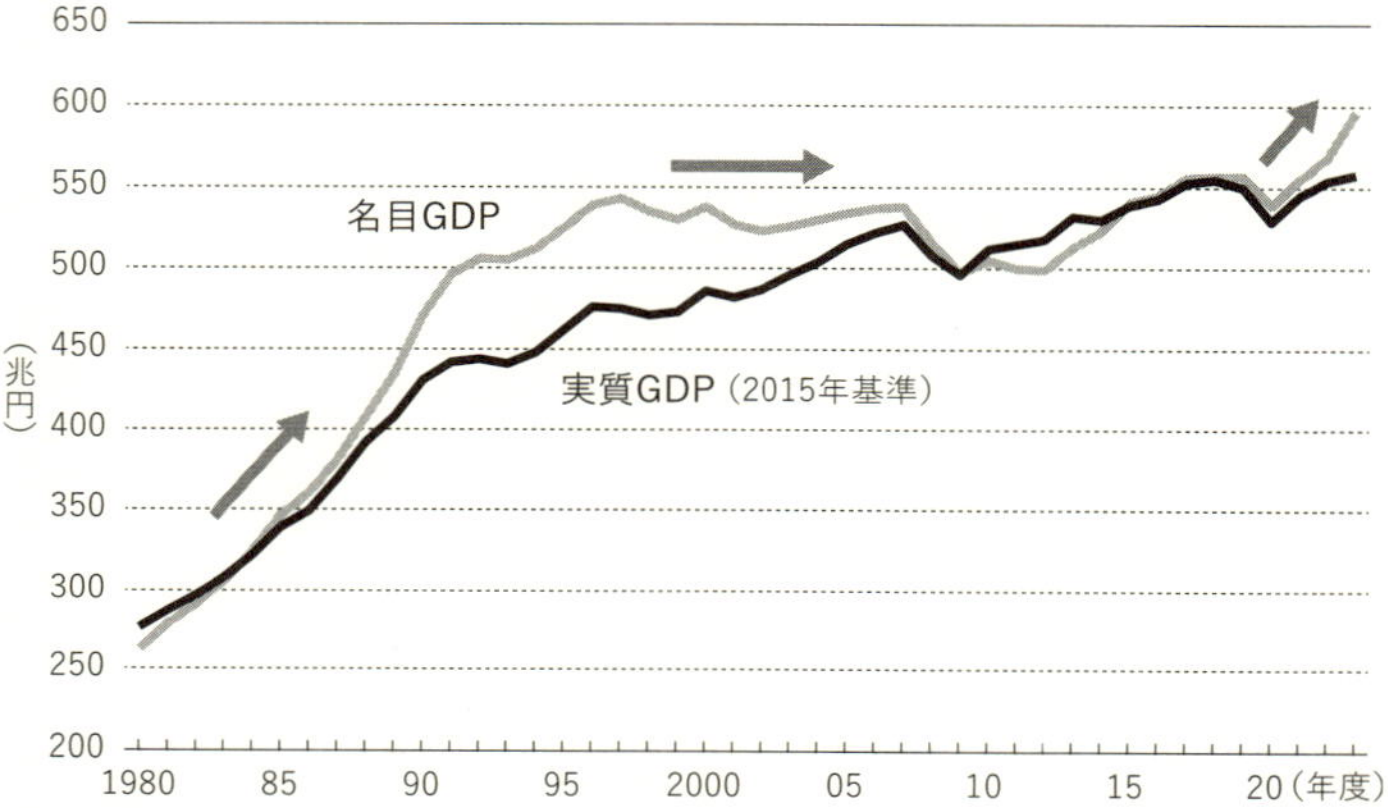

図表2-1　GDPの推移
出所：内閣府「国民経済計算」

ロ経済運営における最大の課題である。

これまでの日本経済低迷の要因の一つは、国内設備投資の低迷とされる。GDP統計の民間企業設備投資の名目額は、1991年度に102・7兆円でピークを打ち、その後は長らく低迷を続けた。2024年度になってはじめて1991年度のピークを更新できると見込まれているが、この間33年も要したことになる。名目GDPもピークは1997年度だが、2016年度にはそのピークを上回っていることから、設備投資の長期低迷がより顕著である。

この背景として、国内市場の成長力の乏しさがあり、企業は成長力の高い海外に活路を見出さざるを得なかったと考えられる。実際、日本銀行の資金循環統計では、民間非金融法人企業の対外直接投資残高が、1995年度末の13・

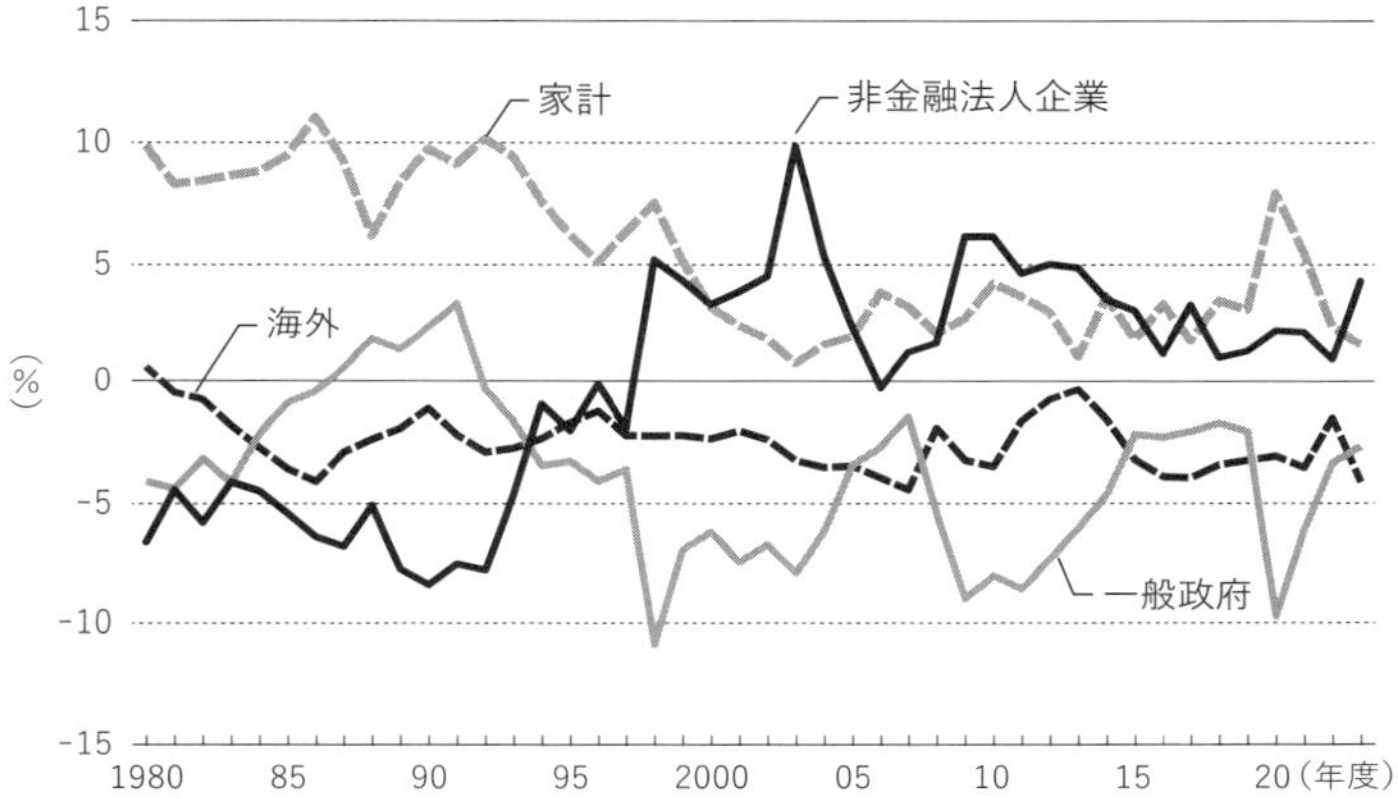

図表2-2　部門別資金過不足対GDP比の推移

出所：日本銀行「資金循環統計」、内閣府「国民経済計算」

3兆円から2023年度末の233・1兆円へと、17・5倍も拡大している。

企業が投資判断をするうえで、市場の規模や成長性は極めて重要な要素となる。国際協力銀行の調査[1]によれば、海外直接投資の対象として有望視されている国の理由として、「現地マーケットの今後の成長性」や「現地マーケットの現状の規模」が上位に挙げられている。[2]諸外国が経済成長と市場規模拡大を続け、それにより国内外から投資を集めるなか、日本ではマクロ経済環境の停滞や人口減少による市場縮小への懸念から国内投資が縮小し、さらに経済成長が停滞するという経済低迷の悪循環に陥ることとなった。

その結果、企業は貯蓄超過傾向が続いている（図表2－2）。金融資産の増減と負債の増減の差額は資金過不足と呼ばれ、この値がプラスであれば貯蓄超過、マイナスであれば投資超過とされる。本来、非金融法人企業は、借入や資本調達等[3]によって負債を増やしつつ、設備投資によって非金融資産を拡大させ、事業を拡大していくことが期待される経済主体である。そのため、資金過不足は投資超過傾向となることが期待される。しかし、日本の非金融法人企業は米国や英国と比して国内での貯蓄超過傾向が強く、1998年以降、投資超過に転じたことはない。

2 中間層の衰退

わが国経済が長きにわたって低迷するなか、わが国の中間層は衰退してきた。「令和4年度経済財政白書」では、2019年の再分配後の年間世帯所得を1994年と比較しており、400万円未満の世帯が増加する一方、400万円以上の世帯が減少し、中央値が505万円から374万円へと低下するなど、世帯所得が全体として下方シフトしていることを示している(図表2－3)。

こうした所得の低迷は、家計の購買力の低下に直結するが、民間最終消費支出はGDP全体の5割強を占めていることから、持続的な成長に向けては、家計消費の拡大が不可欠である。

つまり、これまでは所得の低迷と消費の低迷がいわば悪循環となって、日本の長期低迷をもたらしてきたと考えられる。したがって、こうした悪循環を断ち、分厚い中間層を形成し、さらにその分厚い中間層が消費をするという好循環を生み出すことが極めて重要となる。

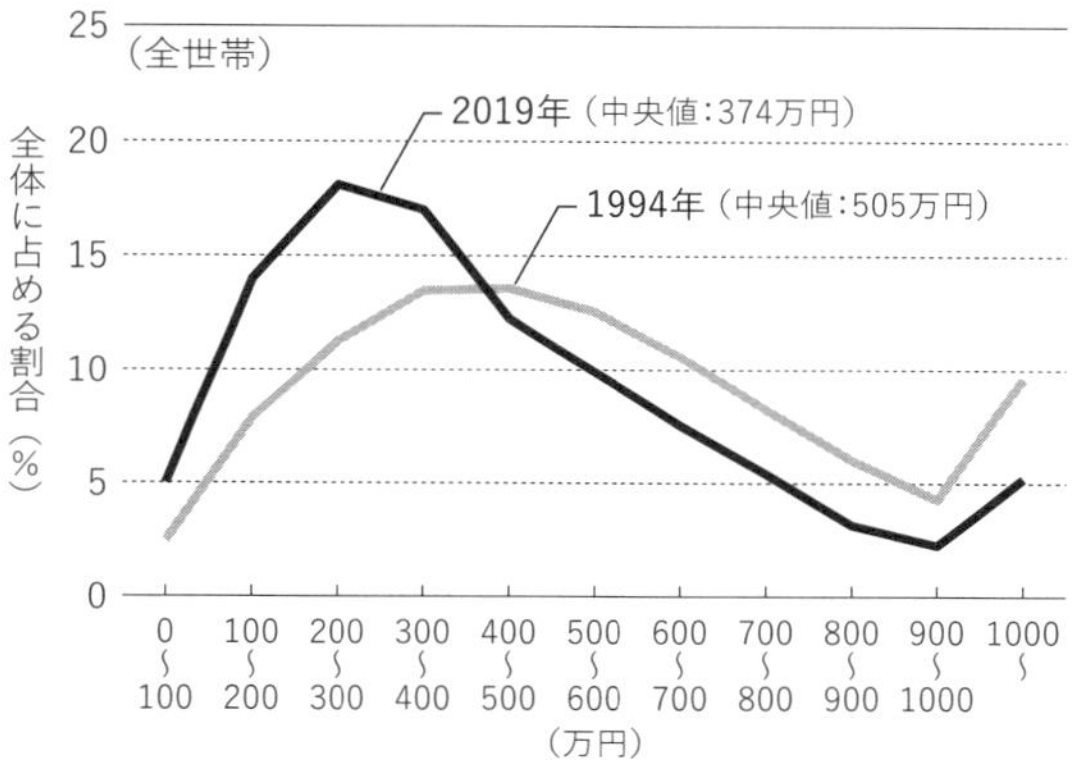

図表2-3　世帯所得（再分配後）分布の変化

注：世帯人員数の変化等による影響が含まれる点に留意
出所：内閣府「令和4年度経済財政白書」

また、少子化に歯止めをかけるうえでも、幅広い層での所得向上が喫緊の課題である。出生率の向上には有配偶率の改善が重要となるが、特に男性の所得水準が高いほど、有配偶率も高まる傾向がある。第3章-Ⅵで論じる通り、ジェンダーバイアスは払拭すべきであり、結婚において男性の所得が重視される傾向は望ましいとは言えない。しかし、結婚や子どもを持つためには、十分な経済的余裕が必要であることも事実であることから、男女ともに賃金を引き上げ、世帯所得を向上させることが求められる。

なお、日本は比較的格差が少ない国とされてきたが、最近では必ずしもそうではなくなって

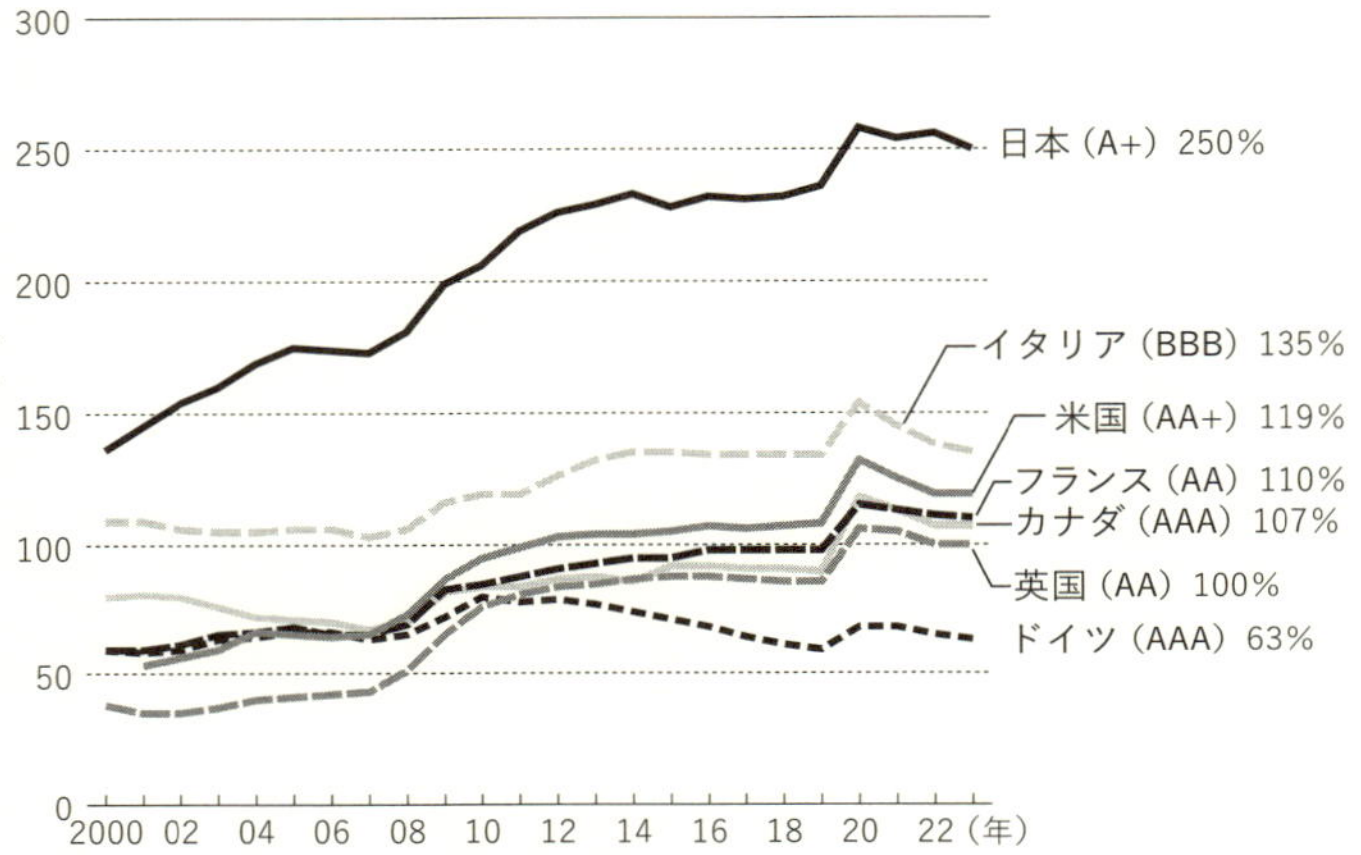

図表2-4　G7各国の一般政府債務残高対GDP比の推移

注：各国名カッコ内はS&Pによる2024年８月時点の国債の格付、数字は2023年の政府債務残高対GDP比の値

出所：IMF「World Economic Outlook Database」

いる。ＯＥＣＤの統計によれば、２０２１年の可処分所得のジニ係数は、日本は０・３３８と、データのある31か国のなかで８番目に高く、平均値の０・３１２を上回っている。可処分所得上位10％と下位10％の比率では、日本は５・２倍と、データのある31か国のなかで６番目に高い。これらの指標は、高ければ高いほど格差が大きいとされる指標であることから、日本の経済的格差は決して小さくはないということが示唆されている。

３　財政の悪化

経済が低迷するなかにあって、財政の悪化も続いてきた。日本の一般政府債務残高対ＧＤＰ比は、諸外国と比して極めて高い水準にある（図表２－４）。また、日本国債の格付は、２０１４～15年に消費税率引上げの延期などを背景に引き下げられた後、Ａ＋～Ａで維持されており、イタリア以外のＧ７（主要7か国）諸国に大きく見劣りする状況にある。財政の持続可能性を確保する観点からは、一般政府債務残高対ＧＤＰ比を安定的に引き下げる必要がある。

施策

1　官民連携による「ダイナミックな経済財政運営」

このように長らく続いた経済の低迷を脱出し、分厚い中間層を形成するためには、どうすべきか。第1章で述べた通り、全体最適の視点で、様々な施策を打ち出していくことが前提ではあるが、マクロ経済運営では、官民連携による「ダイナミックな経済財政運営」を展開していくことが最重要である。

官民連携による「ダイナミックな経済財政運営」とは、政府と企業がそれぞれの役割を果たすことを通じて、マクロ経済環境を好転させ、中長期的に財政健全化を実現するというものである。ここで「ダイナミック」としているのは、単年度予算主義に陥ることなく、中長期の時間軸での政府と企業の相互関係を意識したものだからである。なお、この考え方は、政府の経済財政諮問会議でも、2022年から繰り返し取り入れられている。

まず、政府は、長期計画的な投資や規制改革等により、民間の投資環境を改善させる必要がある。政府投資の対象としては、後述する通り、科学技術や産業の成長・発展や、様々な社会課題の解決に資するものの、事業化までの期間やリスク等から民間のみでは投資が困難な戦略分野・技術が挙げられる。また、投資を「長期計画的」に行うことの重要性は、民間の予見可能性を高めることにある。政府投資の方向性が定まれば、企業も、設備投資や人材の確保・育成を進めやすくなるためである。

こうした政府の役割に対して、企業には、積極的な投資と賃金の引上げが求められる。まず、投資については、様々な社会課題解決に向けた積極的な国内での設備投資、研究開発投資、人への投資の拡大が求められる。

政府による投資も含めて、こういった投資の多くは、短期的には需要の一部となる一方で、中長期的には供給力の強化に資するものである。分厚い中間層の形成に向けては、実質賃金を向上させ、人々の購買力と生活水準を高めていくことが求められる。そのためには賃金の名目額の引上げだけでなく、インフレ率の安定が欠かせず、特にコストプッシュ型インフレをできる限り抑止する必要がある。

例えば、コロナ禍からの回復期にみられた物価上昇は、様々な財・サービスの供給制約によるコストプッシュ型インフレの性格が強いものであったことから、こうした状況をできる限り避けなければならない。そのため、官民連携による投資の拡大によって、様々な財・サービスの供給力を向上させ、供給制約やボトルネックを生じさせないことが重要となる。なお、この考え方は、ジャネット・イエレン前米国財務長官が提唱した「モダン・サプライサイド・エコノミクス（ＭＳＳＥ）」や米国のインフレ抑制法（２０２２年8月成立）にも通ずるものである。モダン・サプライサイド・エコノミクスとは、社会課題の解決にターゲットを絞り、長期計画に基づいて複数年度、政府が財政支出をコミットする政策枠組み。民間投資を促進するとともに、官民連携を推進する。

また、分厚い中間層を形成するうえでは、賃金引上げのモメンタムの維持・強化が必要である。大企業だけでなく、中小企業の賃金引上げも可能となるよう、適正な価格転嫁を実現する必要がある。すでにサプライチェーン全体の共存共栄を目指す「パートナーシップ構築宣言」の動きが広がっているが、これをさらに推進し、登録企業の増加を図ることで、取引価格の適正化と付加価値・生産性の向上を実現する必要がある。投資家も、投資先企業の中長期の成長やステークホルダーも含めたサプライチェーン全体の価値向上を念頭に、株主とステークホルダーの適切な分配のあり方について、建設的な対話を進めていくべきである。

2　2040年の経済・財政の姿――GDP1000兆円の実現

官民連携による「ダイナミックな経済財政運営」をはじめ、本書で掲げる様々な改革を実現させた「改革実現ケース」と、そうでない場合の「現状維持ケース」とで、2040年までの経済・財政の姿を、マクロ計量モデルを用いて推計した。試算の前提については、図表2-5にまとめた通りである。なお、試算は2024年12月時点で得られるデータをもとに行っている。

試算からは、改革実現ケースでは、実質2%、名目3%程度の成長が実現し、2040年度の名目GDPは約1000兆円に達するとの結果が得られた（図表2-6、2-7）。他方、現状維持ケースの実質成長率は、2026年度の1・0%をピークに低下傾向で推移すると見込まれる。

両ケースの大きな違いは、全要素生産性（TFP）だけでなく、GDPの需要項目である投資と消費の伸びによるところが大きい。以下は、改革実現ケースに関する説明である。

まず、投資については、GXやDX（デジタルトランスフォーメーション）による押し上げ効

	現状維持ケース	改革実現ケース
共通	家計を年間収入第１～９分位階級（低・中間層）と第10分位（上位層、2019年時点では年収1040万円以上の世帯）に分割し、それぞれについて、所得、消費、税・社会保険料負担を推計	
TFP	2030年度にかけて0.5%まで徐々に低下し、以降0.5%で固定（内閣府「中長期経済財政に関する試算」の「過去投影ケース」に相当）	2030年度にかけて1.1%まで徐々に上昇し、以降1.1%で固定（内閣府「中長期経済財政に関する試算」の「成長移行ケース」に相当）
労働投入	公的年金の2024年財政検証における労働参加漸進シナリオ（2040年度の就業者数6375万人）	公的年金の2024年財政検証における労働参加進展シナリオ（2040年度の就業者数6734万人）
金利・インフレ率	2030年度にかけて0.8%となり、以降0.8%で固定	2030年度にかけて2.0%となり、以降2.0%で固定
設備投資	需給ギャップや資本コスト等から推計	現状維持ケースにGXやDXによる押し上げ効果を付加
実質政府支出	これまでのトレンドを踏まえて、年率0.5%増で固定	各種政策の展開を踏まえ、年率2.0～2.5%増で推移
賃金	賃金の名目GDP比は固定	現状維持ケースに加え、低・中間層での賃金上昇率を引き上げ
家計の税負担	低・中間層と上位層の負担割合は固定	2025～2034年度にかけて富裕層を含む上位層の所得税等の負担を引き上げ
社会保険料	税と社会保険料の比率はほぼ固定	上記の増税分を社会保険料の抑制に充当

図表2-5　マクロ計量モデルによる試算の前提

果が加わり、企業の積極的な投資が展開することを想定している。[4]

消費については、所得の上昇が寄与している。まず、賃金引上げのモメンタムが維持・強化される下で、低・中間層の賃金が着実に上昇する。さらに、応能負担の徹底として、富裕層を含む上位層（２０１９年時点では年収１０４０万円以上の世帯）の所得税等の負担拡充を行い、全体の社会保険料抑制に充当したことも寄与している。これにより消費性向（可処分所得に占める消費支出の割合）が比較的高い低・中間層で可処分所得が増加（図表2－8）しており、消費の拡大を通じて「成長と分配の

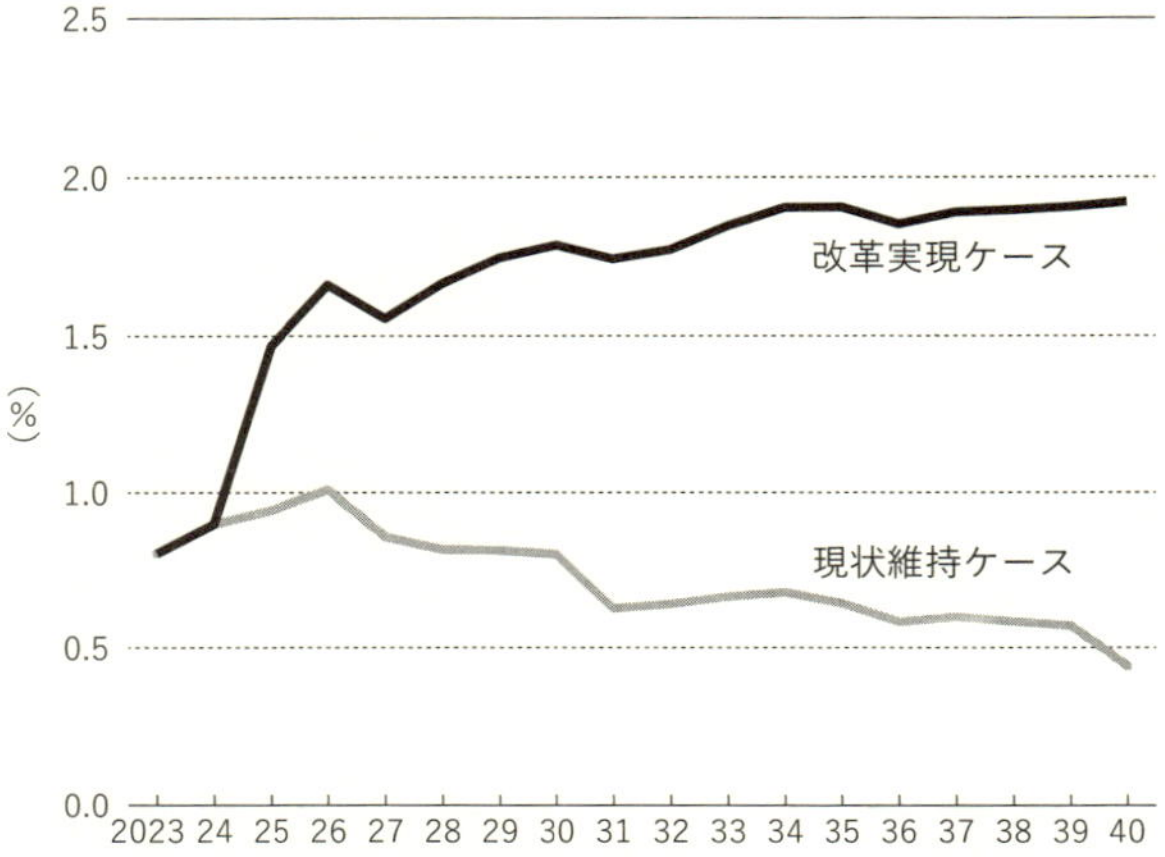

図表2-6　試算における実質GDP成長率の推移

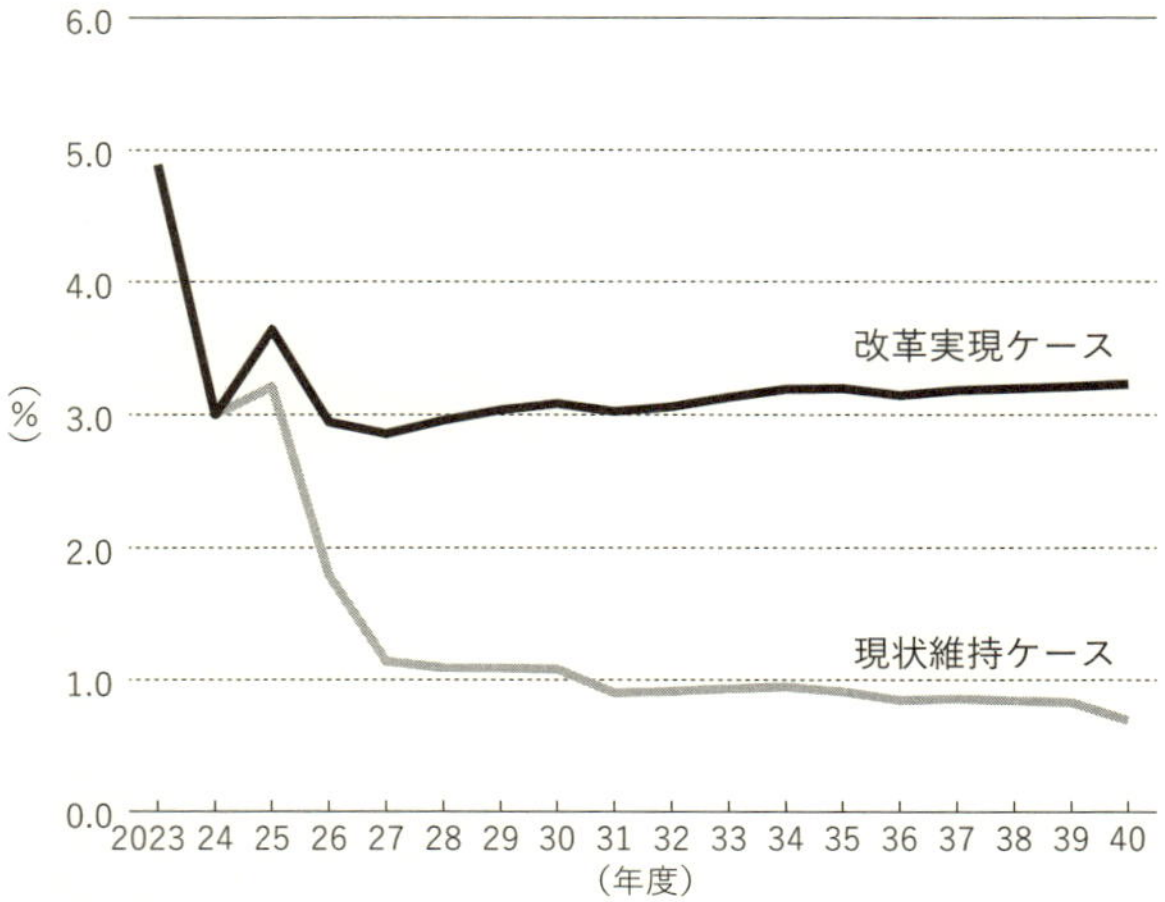

図表2-7　試算における名目GDP成長率の推移

好循環」が着実に回っていることが示唆されている。また、このように低・中間層の可処分所得が増加していくことは、分厚い中間層の形成、経済的格差の縮小を意味する。

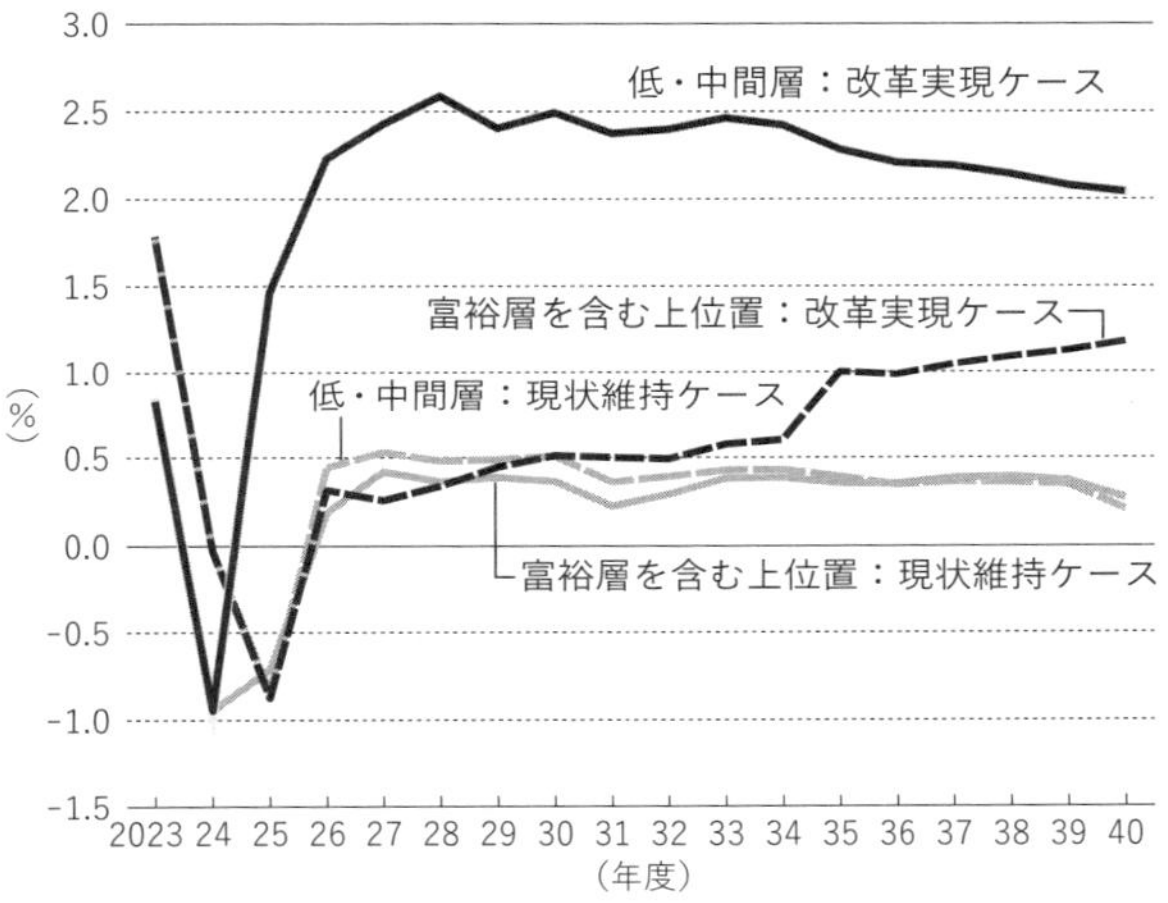

図表2-8　試算における所得階層別実質可処分所得の伸び率の推移

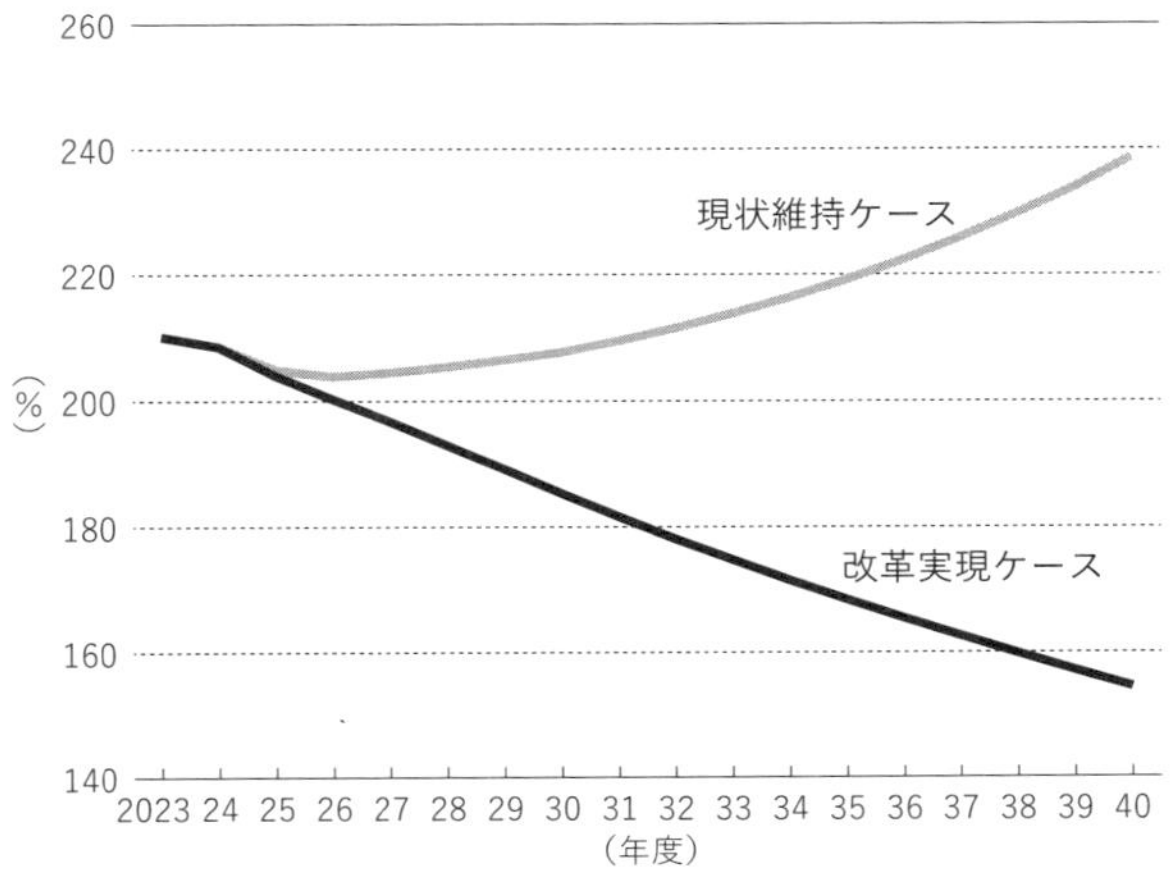

図表2-9　試算における一般政府債務残高対GDP比の推移

財政については、一般政府債務残高対GDP比が安定的に低下するとの結果が得られた（図表2－9）。これについては、経済の成長にともなって、税や社会保険料収入が増加することで、財政収支が改善することのほか、一般政府債務残高対GDP比の分母である名目GDPが成長していることが寄与している。財政健全化に向けては、成長が不可欠であり、前述の応能負担の強化を含め、分配のあり方も重要だと言える。

1　国際協力銀行「わが国製造業企業の海外事業展開に関する調査報告　2023年度 海外直接投資アンケート結果（第35回）」

2　同調査の投資先有望国1位のインドでは、有望理由1位が「現地マーケットの今後の成長性」（以下、「成長性」）：84・2%、2位が「現地マーケットの現状規模」（以下、「現状規模」）：37・4%であった。同様に有望国2位のベトナムでは、有望理由1位が「成長性」：57・3%、2位が「安価な労働力」：47・9%、3位の中国では、有望理由1位が「現状規模」：68・2%、2位が「成長性」：56・4%であった。

3　資金過不足を推計する資金循環統計では、企業会計と異なり、株式を含む持分についても、純資産ではなく負債として扱われている。

4　経団連は政府の「国内投資拡大のための官民連携フォーラム」（2025年1月）において、FD2040をベースとして、2040年の名目民間設備投資を200兆円と試算し公表した。

第３章－Ⅰ

全世代型社会保障

目指すべき姿

■人口減少下であっても、全世代が安心し、能力に応じて共に支え合う、公正・公平で持続可能な中福祉・中負担程度の社会保障制度を構築する

■分厚い中間層を形成し、多くの人々の結婚や子どもを持つことの希望が叶えられるようにすることで、少子化に歯止めをかける

政府の役割

■公正・公平で持続可能な社会保障制度に向けた、税・社会保障一体改革の推進

■働き方や年齢に中立な労働参加を促進する社会保障制度の確立

■公正・公平な制度の基盤としてのマイナンバーの活用

■医療ＤＸの推進

企業の役割

■女性、高齢者等の多様な人材の労働参加に向けた環境整備

■働き方改革、仕事と家庭の両立支援のさらなる推進

全世代型社会保障とは、生涯にわたって国民の安心や生活の安定を支えるセーフティネットであり、国民一人ひとりが社会経済活動に参加するうえでの基盤となるものである。人々が日々の生活や将来に安心感を持つことができれば、消費の拡大や、起業をはじめとする様々な挑戦も促すことが期待される。さらに、格差の拡大・再生産といった社会課題に対処するうえでも、全世代型社会保障は重要な役割を果たすと考えられる。

他方、後述する通り、わが国には少子高齢化・人口減少が進むなかで、給付と負担の不均衡という構造的課題がある。制度の持続可能性を確保するためには、これらの課題の解決を図る必要がある。

こうした状況を踏まえ、2040年に向けて、人口減少下であっても、全世代が安心し、能力に応じて共に支え合う、公正・公平で持続可能な中福祉・中負担程度の社会保障制度を構築することが求められる。

また、より長い時間軸でみれば、少子高齢化・人口減少のトレンドを変えなければならない。全世代型社会保障の構築や各種の取り組みによって分厚い中間層を形成し、多くの人々が結婚や子どもを持つことに希望を持ち、またそれが叶えられるようにすることで、少子化に歯止めをかける必要がある。

以下では、わが国の社会保障制度をめぐる課題と、目指すべき姿を実現するために必要な施策について論じる。

現状認識

１　少子高齢化・人口減少

日本の総人口は今後も減少し続ける（図表３－Ⅰ－１）。２０１０年の約1億２８００万人をピークに、２０２０年時点では約1億２６００万人と若干の減少にとどまっている。しかし、国立社会保障・人口問題研究所の将来推計[1]によれば、２０４０年には約1億１３００万人、さらに２０７０年には約８７００万人と、減少スピードは急激に加速する。

人口減少の最大の要因は少子化である。日本の出生数は、第一次ベビーブームの団塊世代（１９４７～49年生まれ）が年平均で２６９万人でピークとなり、その後減少した後に、第二次ベビーブームである団塊ジュニア世代（１９７１～74年生まれ）が年平均２０４万人と再び山場を迎えた。しかし、その後はほぼ一貫して減少を続け、２０１６年には97・７万人と、初めて１００万人を割り、直近の２０２３年には72・７万人と、さらに減少ペースが加速している。

少子化の進行により、人口減少だけでなく、人口構成の高齢化もますます進んでいく。将来

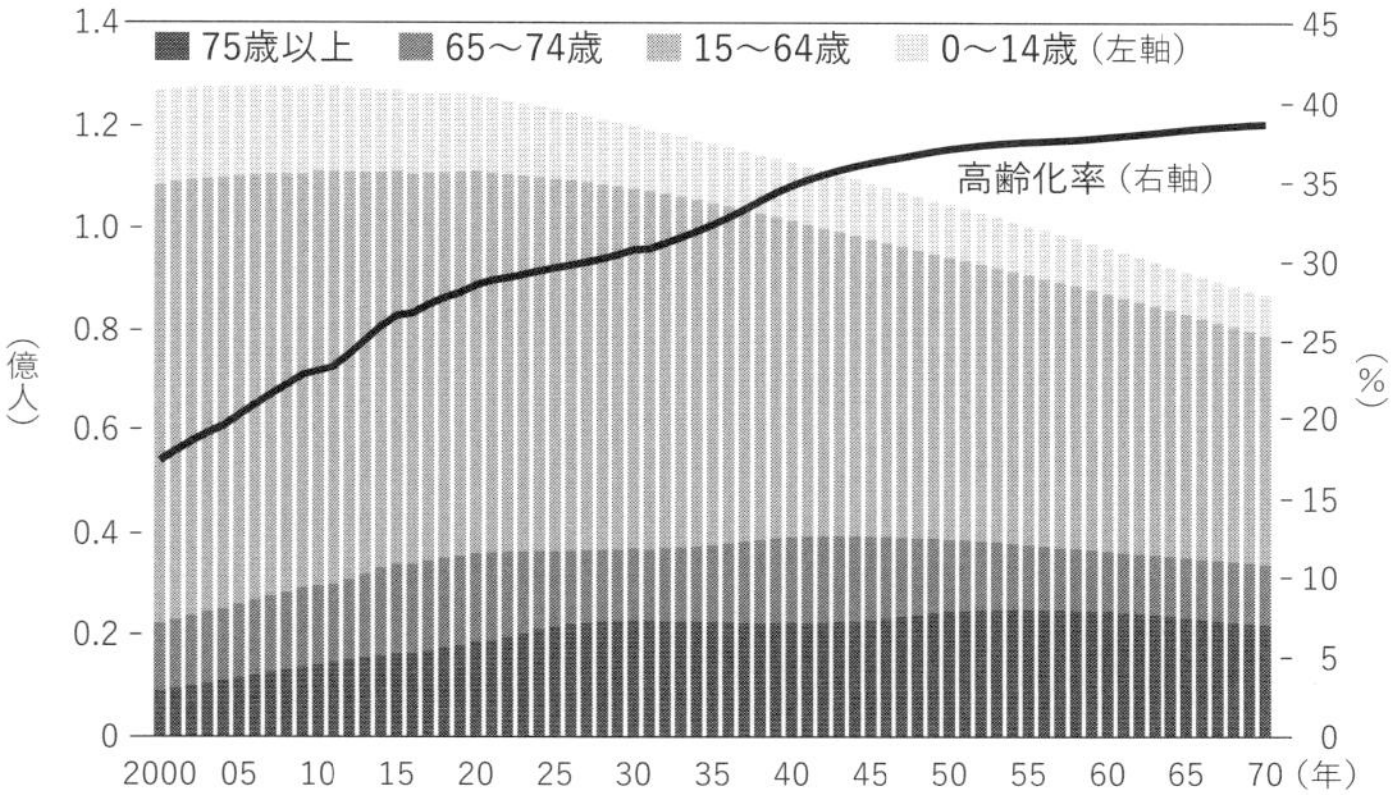

図表3-I-1　日本の総人口の将来推計
出所：総務省「人口推計」、国立社会保障・人口問題研究所「日本の将来推計人口（全国）」

推計によれば、２０２４年に29・３%だった高齢化率は、団塊ジュニア世代がすべて高齢者（65歳以上）になる２０３０年代後半に若干加速し、２０４０年ごろには35%にまで達するとされる。

少子高齢化・人口減少は、日本の経済や社会に様々な影響を及ぼす。まず、人口が減ることで、市場規模が縮小する。人口減少のペースが、一人当たりの購買力の上昇ペースを上回れば、それらの掛け合わせであるマクロ的な消費規模もシュリンクしてしまう。第２章で論じた通り、市場に近い国・地域で生産する傾向が強まっていることから、市場規模の縮小が強く意識されるようになると、国内外の企業は日本への設備投資を控えるようになる。国内の消費や設備投資が低迷すれば、マクロ経済が大きく下押しされる。その結果、税収や社会保険料収入が低迷することから、財政や社会保障の持続可能性にも多大な影響を及ぼすことになる。

人口減少による人手不足も深刻な課題である。とりわけ、人口減少の著しい地域においては、その地の経済・社会機能を維持するために必要な財・サービスの供給に支障が出てくることが想定される。社会保障の分野では、特に介護人材の不足が懸念されている。厚生労働省の推計[2]によれば、２０２６年度に約２４０万人、２０４０年度には約２７２万人の介護職員が必要とされており、２０２２年度の約２１５万人と比べれば、２０４０年度にはさらに約57万人の介護職員が必要ということになるが、容易に実現できるとは考えにくい。

このように人口減少の影響は深刻であるため、歯止めをかけなければならないが、仮に出生率が改善に向かったとしても、当面の人口減少のトレンドは継続する。というのも、妊娠・出産が可能な女性の数自体が当面減少し続けるからであり、まさに、人口減少はわが国の不可避的な制約条件となっている。したがって、当面は人口減少を前提として、経済・社会システムを構築していくことも考えていかなければならない。

ただし、より長期の時間軸で考えれば、出生率を改善させることによって人口減少に歯止めをかけなければならないことも確かではある。２０２４年1月に公表された人口戦略会議の「人口ビジョン２１００」は、２１００年に人口８０００万人程度を目指すべきと主張したが、その程度の長い時間軸を意識して、今すぐにでも実効ある少子化対策を展開していく必要がある。

なお、高齢化率については、2040年より先を展望すると、その上昇ペースは緩やかになると見込まれる（図表3－Ⅰ－1）。これまで高齢者は、社会保障制度において支えられる側とされてきたため、その人口シェアの上昇に歯止めがかかれば、支える側と支えられる側の比率の悪化ペースも緩やかになる。さらに、健康な高齢者が増えていけば、彼らもまた支える側になる。実際、厚生労働省「労働力調査」によると高齢者の就業率は2000年から2023年で、65～69歳で37・5％から53・5％、70～74歳で24・2％から34・5％、75歳以上で9・8％から11・5％へと、それぞれ上昇している。こうした傾向が今後も進めば、実質的な支える側と支えられる側の比率はより安定していくだろう。

つまり、2040年までは、人口減少を前提とした経済・社会システムの構築が急がれ、その取り組みが功を奏せば、2040年以降の経済・社会の安定に大いに資すると期待される。同時に、2040年よりも先の将来を展望すると、一刻も早く少子化に歯止めをかけることが求められる。

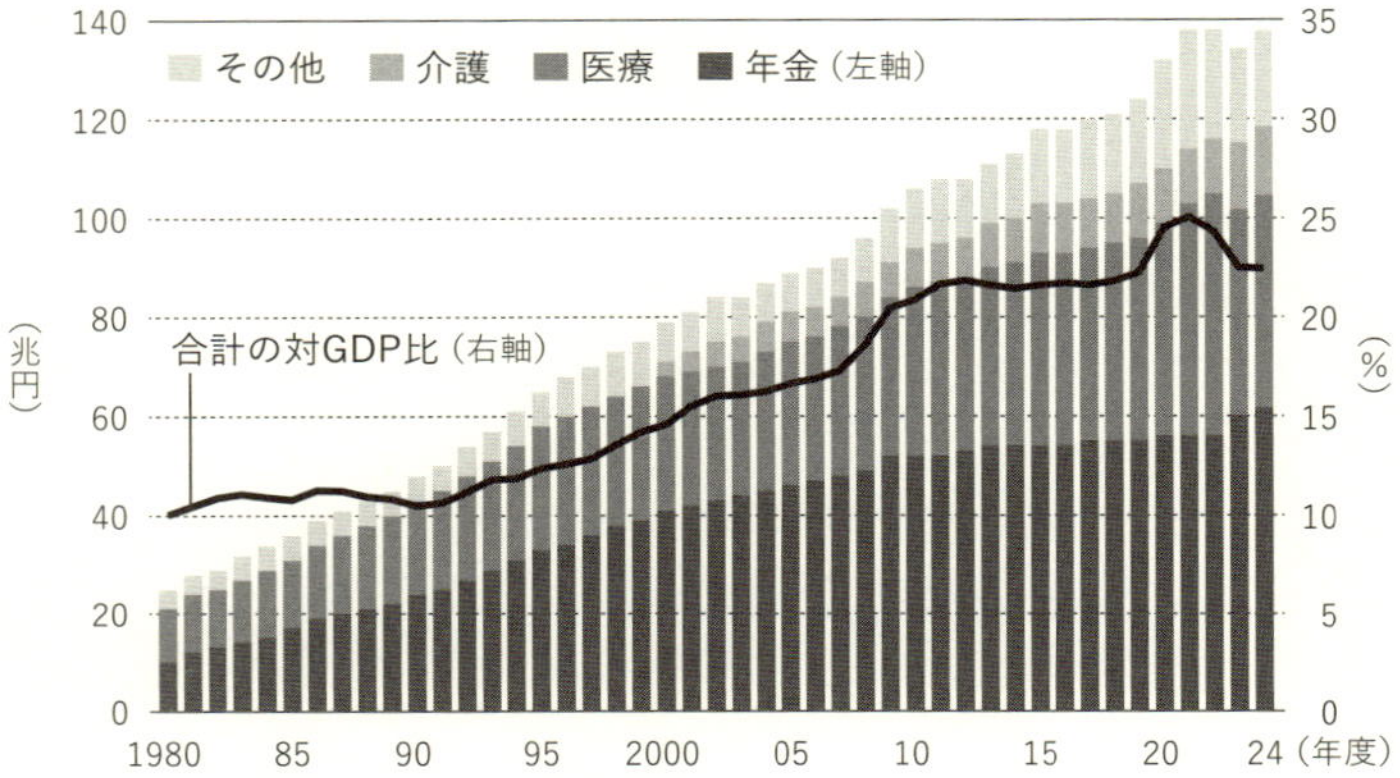

図表3－I－2　社会保障給付費と対GDP比の推移

注：給付費の値は、2000～2022年度が「社会保障費用統計」、2023～2024年度が予算ベース
出所：国立社会保障・人口問題研究所「社会保障費用統計」、厚生労働省資料、内閣府「四半期別GDP速報」、財務省「令和6年度租税及び印紙収入予算」より作成

2　給付と負担のバランス

これからの日本の大きな課題は、高齢化の進展に伴って増加の一途をたどる社会保障給付に対し、どのような形で負担を分かち合うか、である。

社会保障給付の増加については、特に医療と介護で著しい（図表3－I－2）。年金・医療・介護の社会保障給付費について、2000年度と2022年度を比較すると、年金が40・5兆円から55・8兆円と約1・4倍、医療が26・6兆円から48・8兆円と約1・8倍、介護にいたっては3・3兆円から11・3兆円と約3・4倍に増加している。[3]介護については、2000年度に介護保険制度が創設されたため、初期の額が低いことに留意する必要があるが、いずれにせよ医療と介護はかなりのペースで増加している。

　このように伸び続ける社会保障給付に対し、税や社会保険料だけでは賄いきれず、不足分を財政赤字によって捻出している。消費税法上、消費税は社会保障４経費（年金、医療、介護、少子化対策）の財源に充てるとされているが、図表３－Ⅰ－３の通り、保険料と消費税収だけでは、給付を賄えていない。そして、図表３－Ⅰ－４の国民負担率の推移にある通り、租税負担と社会保障負担（社会保険料等）で賄いきれない部分が財政赤字の一因となっている。

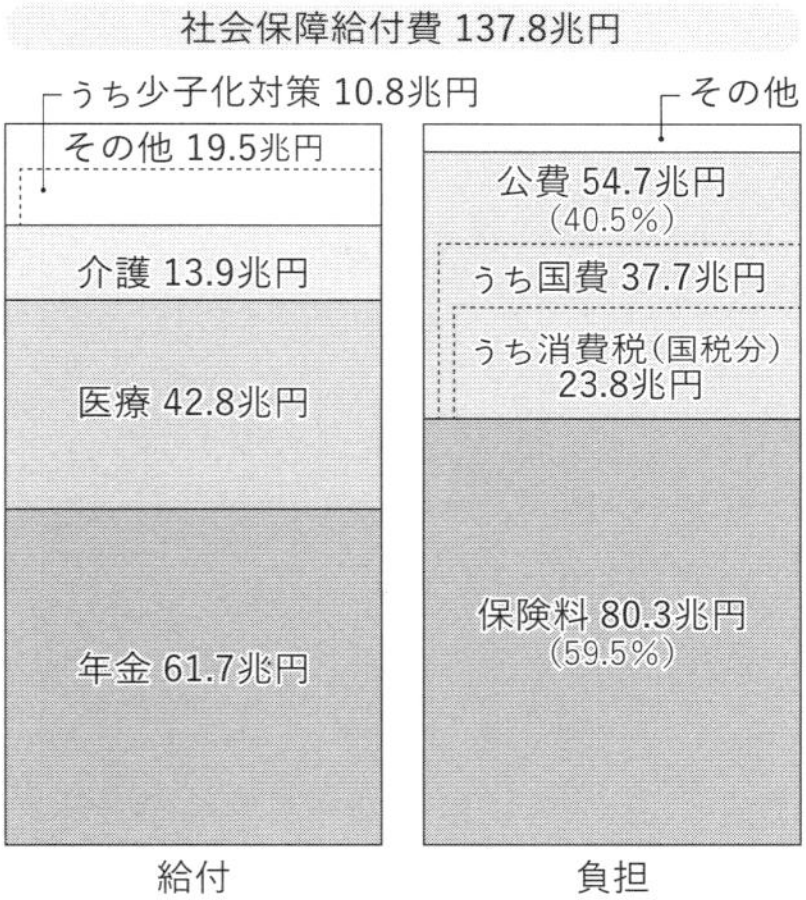

図表3-Ⅰ-3　社会保障の給付と負担
（2024年度予算ベース）
出所：財務省「令和６年度租税及び印紙収入予算」より作成

　図表３－Ⅰ－５は、この国民負担率を主要先進国と比較したものだが、日本の財政赤字率は米国に次いで高い。また、財政赤字も含めた負担率（潜在的国民負担率とも呼ばれる）では、日本は英国と同程度であり、このなかでは中位に位置している。すなわち財政

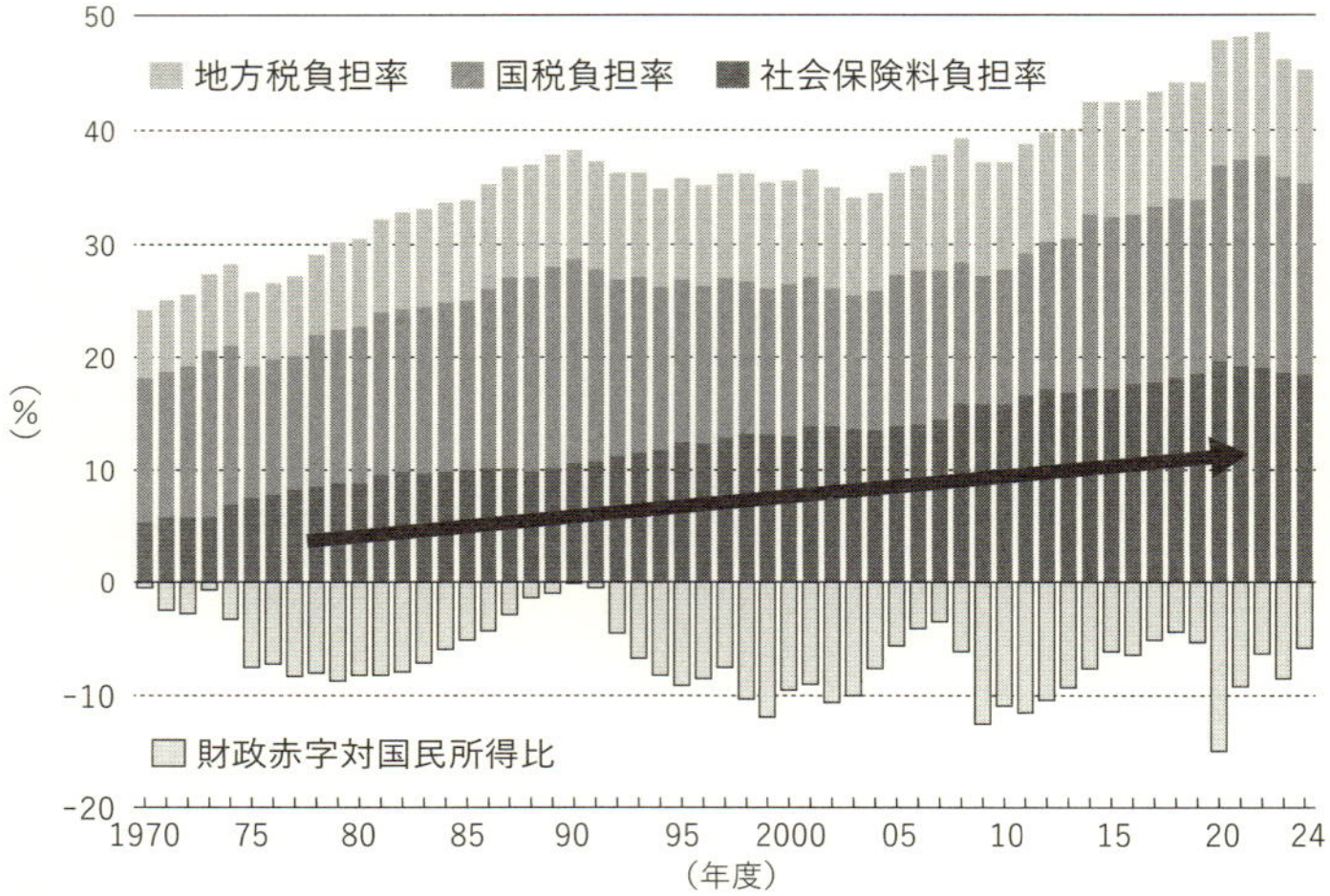

図表3-I-4　日本の国民負担率（対国民所得比）の推移
出所：財務省「国民負担率の推移（対国民所得比）」より作成

赤字も含めて、「中福祉・低負担」と捉えることができる。

財政の持続可能性の観点からは、財政赤字に依存し続けるべきではないため、今後は給付と負担をバランスさせる必要がある。第2章で論じた通り、マクロ経済環境を改善することができれば、税収や社会保険料収入の増加により、財政収支は黒字化に向かう。しかしながら、より長期の時間軸で見たとき、高齢化による社会保障給付の増加ペースが、経済成長率を上回って推移する可能性も否定できない。そのため、給付と負担のあり方は、今後も考えていかなければならない重要な課題である。

給付と負担をバランスさせるにあたり、

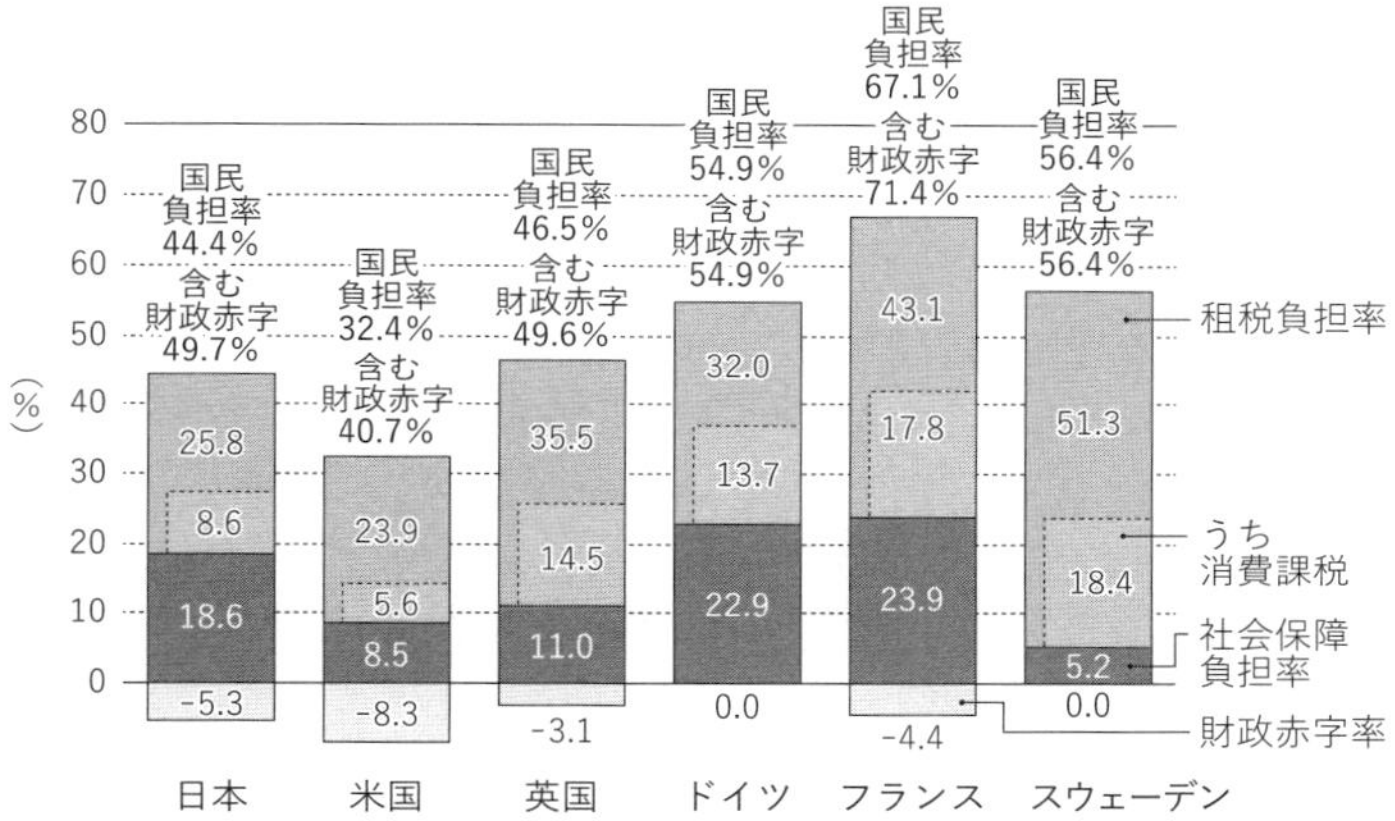

図表3-I-5　国民負担率（対国民所得比）の国際比較（2019年）

注：グラフの値はいずれも対国民所得比。米国では、連邦における付加価値税は存在しないが、地方税として、売買取引に対する小売売上税が存在（例：ニューヨーク州及びニューヨーク市の合計8.875%）

出所：財務省「国民負担率の国際比較」より作成

給付を削減すべきという議論がある。社会保障給付は特に医療と介護において高い伸びを続けてきたため、後述する通り、効率化や適正化の取り組みが欠かせない。

しかし、社会保障制度を国民生活の安全・安心の基盤とするためには、むやみに給付を削れば良いというものでもない。将来の給付が十分ではないと認識されれば、それが将来不安となり、より貯蓄を促すことで、消費を下押ししかねない。また、医療や介護の給付の削減により、十分なサービスが受けられなくなれば、本人の生活のみならず、その家族に負担が回り、介護離職を引き起こす等、現役世代にも影響が及ぶおそれがある。こうしたことから、給付を大きく削減し、

「中福祉」とされる水準を「低福祉」にまで下げることは現実的ではないだろう。

負担の面では、前掲図表3-I-4では、恒常的に財政赤字が生じていることに加え、社会保険料負担率が趨勢的に上昇していることが課題である。負担が社会保険料に偏ることの弊害は複数ある。まず、社会保険料の多くは、現役世代の賃金が賦課対象となっており、可処分所得を下押しし、消費を抑制させかねないためである。実際、総務省「家計調査」によると、2人以上勤労者世帯における社会保険料負担（月額・年度平均）は、2000年度から2023年度で4・8万円から6・7万円と1・9万円の増加となる一方、消費支出は同期間で34・1万円から31・9万円と2・2万円の減少となっている。さらに、消費性向（消費支出÷可処分所得）については、特に若年世代で低下していることが示されている（図表3-I-6）。社会保険料負担が増加するなかで、特に負担の大きい若年・現役世代が将来不安をより感じるようになり、消費が落ち込んでしまっている可能性がある。

また、社会保険料には逆進性が強いという弊害もある。たとえば、健康保険料における標準報酬月額の上限は139万円、標準報酬賞与額の上限が年間573万円となっており、健康保険料率の平均は9・32%である。[4] ここから計算すると、年間の保険料の上限は約208・9万円（＝（139万円×12か月＋573万円）×9・32%）となる。年収が上限を下回る場合の保険料率は9・32%であるが、例えば標準報酬の上限を大きく超える年収1億円の場合、実際の保険料率は2・09％ということになってしまう。

こうした社会保険料の逆進性の強さに対し、社会保険料賦課における再分配機能を強化するという考え方がある。しかし、特定のリスクに備えるという保険の性質からすると社会保険の枠内でのみ再分配機能を果たすことには限界があり、税の役割がより重要である。そもそも、被保険者の合意や納得が社会保険制度の前提であることから、「自分の払った保険料に見合う給付が受けられているか」という点、つまり個々の被保険者が感じる「給付と負担のバランス」が重要である。しかしながら、医療については、組合健保の支出の4割以上が高齢者医療財源であるなど、「給付と負担のバランス」はすでに大きな課題となっている。この状況に加えて、さらに社会保険料賦課の再分配機能を強化するとなれば、崩れつつある「給

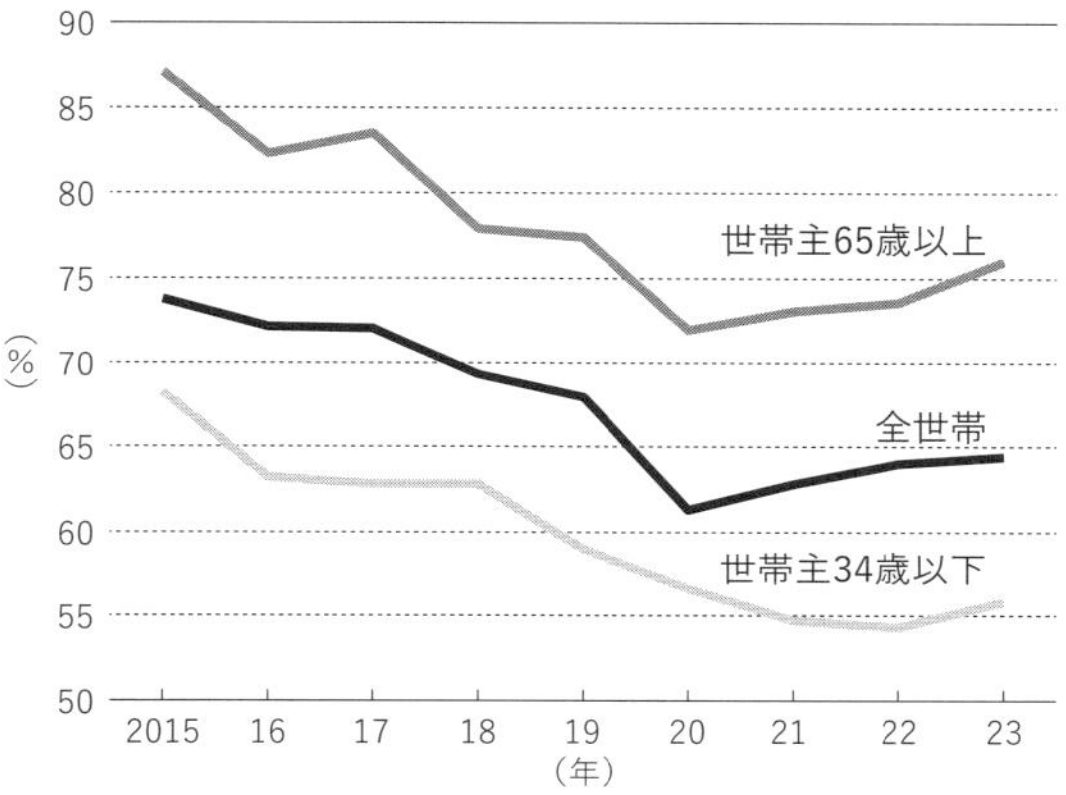

図表3-I-6　世帯主年齢別の消費性向の推移
（2人以上勤労者世帯）

注：消費性向は、消費支出÷可処分所得で計算
出所：総務省「家計調査 家計収支編 二人以上の世帯」より作成

付と負担のバランス」をさらに損なうものであると言える。

他方、税については所得税において累進制の仕組みがあり、また、後述する個々人の負担能力を踏まえたプッシュ型給付を組み合わせれば、効果的な再分配を実現することも可能となる。

このように税と社会保険料のそれぞれの機能や役割を踏まえて、給付と負担のあり方を見直す必要がある。

施策

1 税・社会保障一体改革

全世代型社会保障は、国民生活の基盤であるため、制度の持続可能性を確保することが極めて重要である。その前提となるのが良好なマクロ経済環境であり、第2章で述べた官民連携による「ダイナミックな経済財政運営」で、成長と分配の好循環を実現し、その果実で財源を賄っていく必要がある。

他方で、前述の通り、長期的には社会保障給付の伸びが経済成長のペースを上回ってしまう可能性があるほか、本書で掲げる様々な政策を実行するには財源確保が必要となる。また、第

2章で論じた経済的格差の拡大や、前述の社会保険料負担の現役世代への偏重といった課題についても、是正を図らなければならない。

こうしたことから、公正・公平で持続可能な制度の実現に向け、税と社会保険料を合わせた負担のあり方を一体的に見直すことが求められる。

負担のあり方の見直しにあたっては、どういった手法を用いるか、その順番と実施時期をどうするか、考えなければならない。そこで、まず考えられるのが、①応能負担（富裕層の負担増）の徹底である。その上でなお不足する財源については、②消費増税、同時に③企業の負担増によって対応することが考えられる。

①応能負担の徹底とは、年齢に関係なく、負担能力に応じた負担を徹底させることである。第2章で論じた通り、他の先進国と比較して、日本における経済的格差は、決して小さいものではない。また、分厚い中間層を形成していくためには、多くの人々の可処分所得の底上げを図る必要があることに加え、格差是正や再分配機能の強化の観点からも、まずは富裕層への負担増を考えざるを得ない。

第2章で示したマクロ計量モデルによる試算「改革実現ケース」では、この応能負担の徹底（富裕層への負担増）を入れ込んでいる。具体的には、税と社会保険料のバランス適正化策として、富裕層を含む上位層（2019年時点では年収1040万円以上の世帯）に対し所得税等の

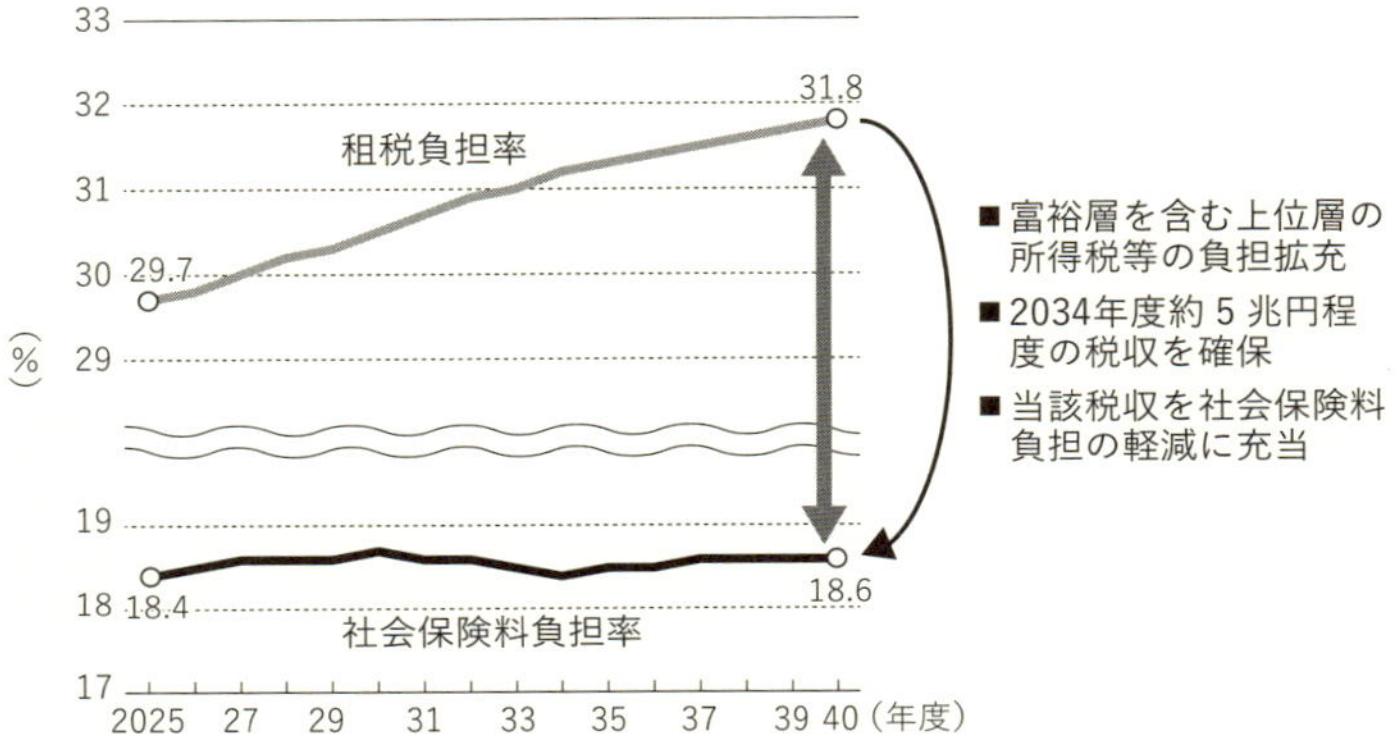

図表3-I-7　改革実現ケースにおける租税負担率と社会保険料負担率の推移

負担拡充を行い、全体の社会保険料抑制に充当した。すべての所得階層の実質可処分所得が継続して増加する範囲内で適正化するべく、2025～2034年度の10年間で段階的に負担増を行う。これにより、2034年度には5兆円程度の税収規模になると試算しており租税負担率は上昇する一方で、社会保険料負担率は抑制されることとなる（図表3-I-7）。

もっとも、マクロ計量モデルにおいては、得られるデータに限りがあることから、上位層は全世帯の上位10%として所得税等の負担を増やすという想定で試算した。しかし、上位10%の境界値である年収1000万円の世帯は、必ずしも裕福であるとは言えない。そのため、実際に応能負担の徹底を行う場合には、その対象や手法についてより詳細に考える必要がある。

以上を踏まえると、具体策としては、例えば、令和5年度税制改正で創設された、超富裕層への課税強化策（ミニマムタックス）について、さらに拡充することが考えられる。これは、年間の所得が約30億円を超える個人を対象に、3・3億円を超える所得の22・5％を税負担の下限とするものである。この税制措置の創設の背景には、配当や株式譲渡所得等が分離課税であることから、合計所得金額が1億円を超えるあたりで、所得税の負担率が低下していく問題、いわゆる「1億円の壁」の問題があるとされている。この税制措置は2025年の所得から適用されるが、これによる経済や家計への影響や、実際の負担率の変化をみながら、約30億円とされている閾値を引き下げて対象者を拡大することや、税負担率の下限を22・5％から引き上げることが考えられる。

なお、分離課税となっている金融所得への課税の強化については、貯蓄から投資への流れを確実なものとする必要があることから、経済状況や金融市場に及ぼす影響に配慮する必要がある。特に、中間層の金融所得向上の観点から、仮に課税強化を行う場合には、NISAやiDeCoの枠を拡充するといった措置も並行して行う必要があるだろう。

このほか、個人所得税の累進性を高めることも考えられる。

②消費増税については、景気や国民生活への影響を十分に勘案する必要がある。消費税率の引上げは、家計にとっては物価上昇とほぼ同義なので、例えば、実質賃金のプラスが複数年継続するといった一定の条件を設けることで、家計の購買力の向上が図られているかを確認する

ことが考えられる。

消費税の負担増を国民に求めるのであれば、公正・公平の観点から、③企業の応分の負担増についても検討の対象となろう。その際、税収の伸びとその要因分析を踏まえるとともに、各種の租税特別措置については、経済活力等への中長期的な影響も勘案しつつ、適正なＥＢＰＭ（エビデンス・ベースド・ポリシー・メイキング、合理的根拠に基づく政策立案）に沿って検討していく必要があるだろう。一方で、研究開発税制など競争力強化の根幹となる税制については、拡充を図るほか、租税特別措置ではなく税制の本則に盛り込むべきである。

こうした負担の見直しにあたっては、税と社会保障の全体像や、様々な所得層における税・社会保険料負担について、一体的に把握・検討する組織、「税・社会保障一体改革推進会議」（仮称）を設置することが求められる。前述の通り、これまでは現役世代の負担が大きい社会保険料に偏重してきた。他方で、税であっても、社会保険料であっても、国民にとってはどちらも公的な負担という意味で同じであることから、両者を足し合わせたトータルの負担について、国民全体で公正・公平に負担が分かち合われているかを確認していく必要がある。とりわけ、分厚い中間層を形成していくという観点からは、所得層や年齢層ごとに、トータルの負担と可処分所得の状況を把握していくことが重要となる。

2 個々人の負担能力を踏まえたプッシュ型給付の実現

公正・公平な制度を実現するためには、個々人の負担能力の正確かつ迅速な把握が欠かせない。また、負担能力の正確・迅速な把握は、負担を求める時だけでなく、真に給付が必要な個人を特定し、適時・適切で効率的なプッシュ型給付を実現することにもつながる。

実際、オンラインシステムを活用した英国の「ユニバーサルクレジット制度」[6]は、コロナ下で大きな力を発揮し、収入を失った個人事業主等を政府が割り出し、申請を待つことなく、「プッシュ型」で給付を迅速に行うことを可能とした。一方、日本ではコロナ禍への対応として、一人当たり一律10万円を配る特別定額給付金が実施されたが、対象が全く限定されておらず非効率であるほか、巨額の事務費や給付の遅れも指摘されていた。今後、公正・公平で迅速な給付を実現するためには、正確かつ迅速に国民一人ひとりの負担能力を把握するデジタル基盤が必要となるだろう。

3　マイナンバーの徹底活用

前記の1、2を実現する観点からは、マイナンバーと銀行口座等との紐付けを義務化すべきである。

また、マイナンバーのさらなる活用の一つとして、税・社会保障関連事務の抜本的簡素化が考えられる。すでに、マイナポータルを活用した年末調整や確定申告の手続きの簡素化が進められているが、所得・資産の把握が正確になされるようになれば、自動入力可能な項目が大幅に増えるため、さらに一段と簡素化を進められるようになる。社会保険においても、加入・資格喪失の手続きや社会保険料の計算といった各種事務の簡素化が図れるだろう。こうしたデジタル化を推し進めた先には、確定申告に関する事務負担を最小化することが可能となり、社会保険料についても、税の情報とリンクさせた形で徴収することも可能になると考えられる。

4　包摂的で労働参加を促進する制度の構築

社会保障制度は、人々の支え合いから成る安心・安全の基盤であり、あらゆる人々を公正・

公平に包摂することが求められる。また、人々の社会参加や挑戦を促し、それぞれのウェルビーイングがかなえられるようにする側面も重要である。さらに、前述の通り、人手不足による影響の深刻化が懸念されるわが国においては、労働参加の促進の重要性は一段と高まっている。

広く労働参加を促すという観点から、女性の活躍推進は非常に重要であるが、いわゆる「年収の壁」が就労調整の誘因となり、女性の活躍を阻害しているという問題がある。「年収の壁」は、個人住民税、所得税、社会保険料の負担が発生したり、企業等の被扶養配偶者手当が支給される年収の境界である。このうち、社会保険料の「年収の壁」については、短時間労働者への被用者保険の適用拡大が進められており、一定規模以上の企業等[7]においては、賃金要件が年収換算で130万円から106万円に引き下げられている。今後も、賃金要件の撤廃等、引き続き適用拡大を進めるとともに、企業・経済界としても賃金引上げのモメンタムを維持・強化することで、より多くの労働者が壁を越えることを選んでもらうよう促すべきである。

さらに、将来的には、公的年金における第3号被保険者制度自体を見直していくべきだろう。第3号被保険者は厚生年金に加入する会社員等である第2号被保険者の被扶養配偶者である。しかし、第3号被保険者制度が導入された1986年当時は専業主婦世帯が過半数を占めていたが、女性の就労が進んだ結果、2023年時点で共働き世帯は専業主婦世帯の約2・5倍と

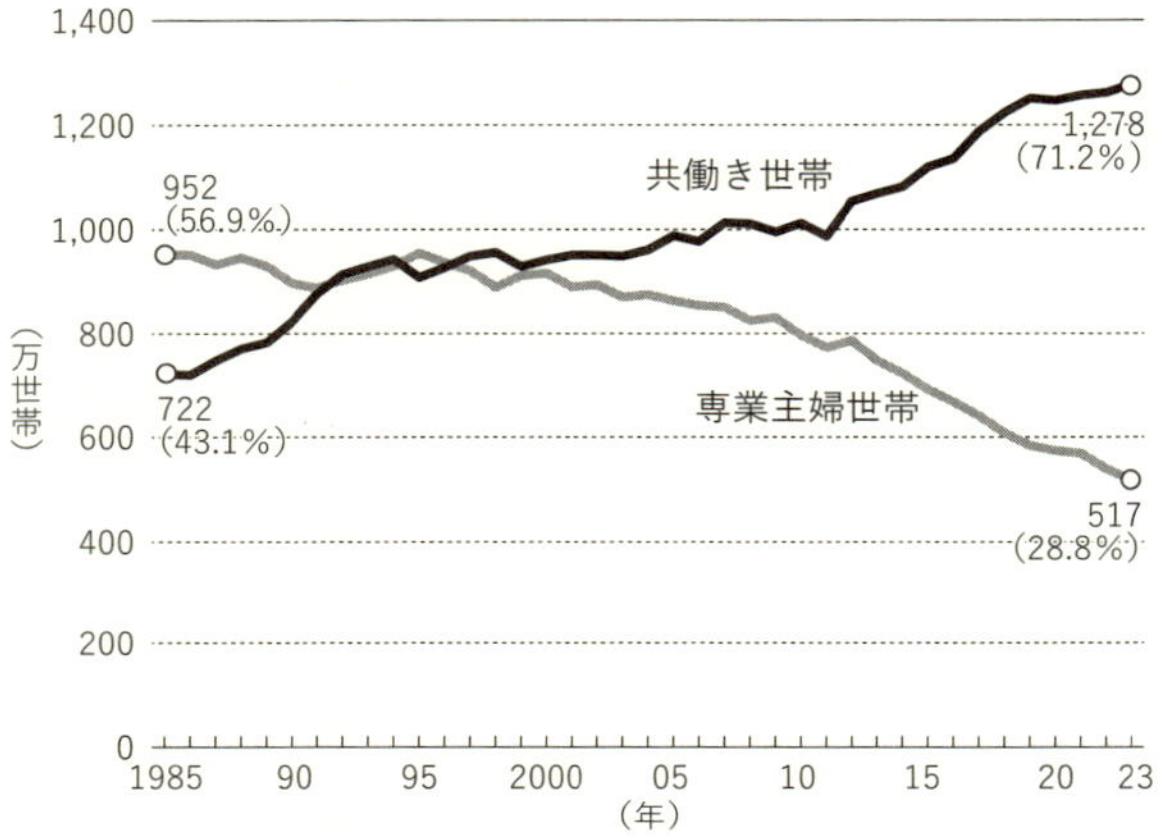

図表3-I-8　専業主婦世帯数と共働き世帯数の推移

出所：厚生労働省「労働力調査」より作成

なっており、女性の就労をめぐる社会環境は大きく変化している（図表3-I-8）。

女性の社会進出の動きは今後も続くであろうし、またさらに加速させるべきものである。そのためには、後述の5や第3章-VIで論じる通り、固定的なジェンダーロールを改めるべく、社会全体の認識を変えていかなければならない。第3号被保険者制度の存在は、ジェンダーロール固定化の一因になっていた可能性があるため、どこかの段階で、そのあり方は廃止も選択肢に含めて、見直さなければならないだろう。

このほか、包摂的で公正・公平な制度という観点からは、副業・兼業が増えていくことを念頭に置いて、社会保険制度の見直しが必要になるだろう。前述のマイナンバーの徹底活用による各種社会保険事務の大幅簡素化は、この点でも重要になると考えられる。

5　持続可能で質の高い医療・介護制度に向けた取り組み

前述の通り、社会保障給付の大幅な削減は現実的ではないが、効率化・適正化の取り組みは欠かせないものである。特に医療と介護については、財政的な問題だけでなく、人手不足が深刻化するなかにあっても、持続可能性と質やアクセスを担保する必要があることから、限られた資源を有効活用する施策を展開しなければならない。

まず早急に進めるべきは、医療・介護ＤＸの推進である。とりわけ、政府が進めている「全国医療情報プラットフォーム」は、個々人の医療・介護情報について、医療機関・介護事業所等の間で、必要なときに必要な情報を共有・交換できるようにするものであり、重要である。現在の医療・介護は、複数の医療機関・介護事業所等が、患者や利用者の状態に合わせて、連携することが必須となっている。日常的に医療・介護のケアを必要とする高齢者数が増えるなかにあっては、連携の必要性はますます高まっていくだろう。「全国医療情報プラットフォーム」は、そうした連携の迅速化・効率化につながり、効率的で質の高い医療・介護の実現に大いに寄与すると期待される。

医療・介護の提供体制を不断に見直していくことも重要である。国や自治体は、各地域の将来人口推計等をもとに将来的な地域の医療・介護の需要を見積もり、それに対応できる提供体制を構築していくべきである。医療・介護をめぐる課題は、地域ごとに異なるため、地域の医療機関や介護事業者と協力して進めていくことが肝要である。入院医療については、２０１６年度末までに「地域医療構想」が各都道府県で策定されているが、新たな地域医療構想については、さらに、外来・在宅、介護連携等も対象とする方向で検討が進められている。[8] その際、国や自治体がリーダーシップを発揮できるよう、権限を強化することも検討すべきである。

　また、診療報酬や介護報酬といった公定価格のあり方についても、見直していく必要がある。とりわけ、介護報酬については、協働化・大規模化などの事業者の効率化を促す報酬体系にしていくべきである。

　ＡＩやロボット等、新たなテクノロジーの活用も重要である。すでに介護の現場では、センサー等を活用した見守りシステムが導入されており、夜間巡回業務の負担軽減につながっている。今後も、労働生産性の向上や現場の負担軽減につながるテクノロジーは積極的に活用していくべきだろう。

　ＡＩやロボットのほか、画期的な新薬等も含め、医療・介護分野におけるイノベーションを促進する環境整備も求められる。こうしたテクノロジーの開発は、社会課題の解決に資するものであり、高齢化先進国である日本が世界をリードできる分野として、官民が連携して積極的に投資すべきである。なお、イノベーションに向けた投資については、第3章－Ⅳでも論じる。

このほか、医療・介護給付の伸びの抑制や人々のウェルビーイング向上、健康寿命の延伸を図るべく、健康経営や予防の取り組みも求められる。健康で長く生きられるようになれば、高齢者の就労を一層促進させることも可能になり、前述の介護分野の人手不足についても、高齢人材の活躍が期待される。ただし、高齢者の場合、加齢に伴い、健康状態や家族の状況等、個人差が大きくなるため、企業においては、個々人のニーズに応じた多様な就労環境を整備していく必要がある。

なお、これまで論じたあらゆる取り組みを行ったとしても、資源の限られた地域においては、現状の医療・介護の質とアクセスを維持することは困難だと考えられる。とりわけ、点在する高齢者の自宅に訪問診療や訪問介護を行うことは、かなりの移動時間を要するため現場の負担が大きい。そのため、第3章－Ⅲで述べるコンパクトシティや地域生活圏を構築するなかで、集住を促進し、効率的に医療・介護を提供できるようなまちづくりを進めることが求められる。こうしたまちづくりの取り組みは、地域における医療・介護の需要に変化をもたらすものであることから、前述の医療・介護の提供体制の見直しと並行して行うことが重要と考えられる。

6 少子化に歯止めをかけるための取り組み

妊娠・出産が可能な女性の数自体が当面減少し続けるため、人口減少は継続することになる。しかし、超長期の時間軸で人口を安定させるべく、出生率向上に努めなければならない。

少子化に歯止めをかけるために最も重要なことは、人々の結婚・妊娠・出産・子育ての希望を叶えられる経済環境を確保することである。そのためには、第2章で論じた分厚い中間層の形成が必須である。また、塾代等の子どもの教育費負担が大きくなっていることから、第3章－Ⅴで論じる教育改革も推し進める必要がある。

企業においては、働き方改革や仕事と家庭の両立支援のさらなる推進も不可欠である。とりわけ、前述の女性の活躍推進と出生率向上を両立するうえでは、企業の役割は大きい。女性の就業率が出産期に下がって育児が落ち着いた時期に再び上昇する、いわゆる「M字カーブ」は解消されつつある一方で、女性の正規雇用率は20代後半をピークに低下する「L字カーブ」となっており、一度離職すると正規雇用者として復職しにくい状況が生まれている。第3章－Ⅵで論じる家事・育児・介護は女性が担うものというアンコンシャス・バイアス（無意識の思い込み）が一因であり、その是正に向けた対応が企業にも求められている。これまで企業が取り組んできた仕事と家庭の両立支援制度の整備は、どちらかと言えば女性従業員を対象とするイメージが強かったが、性別を問わない制度の活用を推進しなければならない。

その一環として、育児休業についても、男性の取得率向上と取得期間の長期化に向けた取り組みが求められる。２０２３年度の男性の育休取得率は30・１％と２０２２年度から13・０ポイントも上昇[9]している。他方で、２０２３年度の女性の取得率が84・１％と比べると依然として大きな差があるため、引き続き男性の取得率向上に努める必要がある。

1　国立社会保障・人口問題研究所「日本の将来推計人口（令和5年推計）」（２０２３年４月）における出生中位・死亡中位推計。

2　厚生労働省「第９期介護保険事業計画に基づく介護職員の必要数について」（２０２４年７月）

3　国立社会保障・人口問題研究所「社会保障費用統計」

4　健康保険組合連合会「令和６年度（２０２４年度）健康保険組合の予算編成状況─早期集計結果（概要）について─」（２０２４年４月）

5　健康保険組合連合会「令和６年度（２０２４年度）健康保険組合の予算編成状況」

6　英国において、複数の福祉手当を統合する形で、２０１３年から段階的に開始した制度。申請・給付手続きはすべてオンラインで行われている。

7　２０２４年10月からは従業員51人以上の企業等が対象であり、それ以下の企業等における賃金要件は引き続き年収換算で１３０万円。

8　厚生労働省新たな地域医療構想等に関する検討会「新たな地域医療構想等に関するとりまとめ」（2024年12月）

9　厚生労働省「令和5年度雇用均等基本調査」（2024年7月）

第３章－Ⅱ

環境・エネルギー

目指すべき姿

■グリーントランスフォーメーション（GX）・サーキュラーエコノミー（CE）・ネイチャーポジティブ（NP）が一体的に進展している

■2050年カーボンニュートラル（CN）に向けて、温室効果ガス（GHG）を着実に削減し、世界のCNに貢献。自然との共生実現が着実に進展している

■わが国の国際競争力強化と経済安全保障に資する、国際的に遜色のない価格による安定的なエネルギーや資源の供給が実現している

政府の役割

■市場形成を含めた、国内の事業環境整備と、国際的なルール形成のリード

■S＋3E（後述）を大前提にした、再生可能エネルギー・原子力といった脱炭素電源の最大限活用と、国際的に遜色のない価格による安定的なエネルギー供給の確保。とりわけ原子力に関する、国が前面に立った取り組み

企業の役割

■技術・製品・サービスの開発や社会実装等を通じての、多様な道筋による地球規模のCNのリード。バリューチェーン全体での事業者間連携の深化

我々は今、深刻化する気候変動問題や生態系崩壊のリスクに直面している。２０２４年には世界の平均気温が観測史上最高を記録するなど、厳しさを増す気候変動は、人類の存続にとって不可欠である生物多様性に直接的な影響を与えており、格差拡大や紛争増大にもつながっているとの指摘もある。さらに、世界的な資源需要の拡大に加え、昨今の国際情勢の変動に伴い、資源供給の不安定化への懸念が高まっている。

経済界は、これらの社会的課題を解決しながら、持続的な成長と分配を通じて、豊かな国民生活を実現していかなければならない。

気候変動問題とコインの裏表の関係にあるエネルギー分野においても、カーボンニュートラル（ＣＮ）の必要性に加え、昨今の国際情勢の不安定化や電力需要増の見通しなど、対応すべき課題が多く存在する。これらは、とりわけ資源に乏しく、四方を海で囲まれアイソレイトされた島国であるわが国にとって深刻な課題である。エネルギー供給見通しの不確実性は、国内投資の停滞を招き、わが国の経済や雇用に甚大な影響を及ぼし得る。わが国はオイルショック以来の危機的な状況にある。エネルギーは国民生活・産業活動の基盤であり、安全性（Safety）の確保を大前提とした、エネルギー安全保障・安定供給（Energy security）、経済効率性（Economic efficiency）、環境性（Environment）のバランスの確保、いわゆるＳ＋３Ｅが不可欠である。ＣＮの実現を目指しつつ、国際的に遜色のない価格での安定的なエネルギー供給を確保することは、豊かな国民生活と経済成長を実現し、わが国が持続的発展を遂げるために欠かせない。

経団連では、1990年代より、気候変動や資源循環、生物多様性の問題について、自主的な取り組み[1]を推進し、環境と経済の両立に尽力してきた。昨今の問題の深刻さを踏まえ、様々なステークホルダーと連携・協働しながら、オールジャパンでの取り組みを強化・深化していくことが求められる。2040年に向けて、官民で危機感を共有しつつ、グリーントランスフォーメーション（GX）、サーキュラーエコノミー（CE）、ネイチャーポジティブ（NP）を成長戦略として一体的に推進し、「環境と経済の好循環」を創出するとともに、エネルギー需給構造の再構築を急ぐ必要がある。

以下では、わが国の環境・エネルギーをめぐる主な課題と、前述の目指すべき姿を実現するために必要な施策について論じる。

現状認識

1　大気中のCO_2濃度の上昇

産業革命以降、急激な上昇が続く大気中のCO_2の平均濃度は、近年では400ppmを超え、早急に実効ある対策を講じなければ、さらなる上昇に歯止めがかからなくなる「ティッピング・ポイント」（450ppm）を超える可能性が高まっている。

大気中のCO_2濃度の上昇に比例して、気候変動問題も年々深刻化している。猛暑、豪雨、大型台風といった異常気象や海面上昇等により、自然災害は世界規模で頻発・激甚化しており、多くの人的・経済的被害をもたらしている。わが国が掲げる2050年CNに向け、覚悟を持って取り組まなければならない。

2 資源の枯渇・供給途絶リスクの高まり

世界的な資源需要と地政学的なリスクの高まりに伴い、資源制約が一層強まることが予想されている。現時点で経済的に採掘が困難なものまで含めた埋蔵量ベースで見ても、2050年までの累積需要量の超過が見込まれる鉱物資源が存在するなど、今後、資源の枯渇リスクが顕在化する可能性がある。加えて、鉱物資源は地域的に偏在するため、特定の資源保有国からの供給途絶が起きた場合、その影響は大きい。2040年に向けて、資源投入量の低減や、廃棄物処理などに由来する環境負荷の低減に取り組むことが求められる。さらに、資源自給率の低

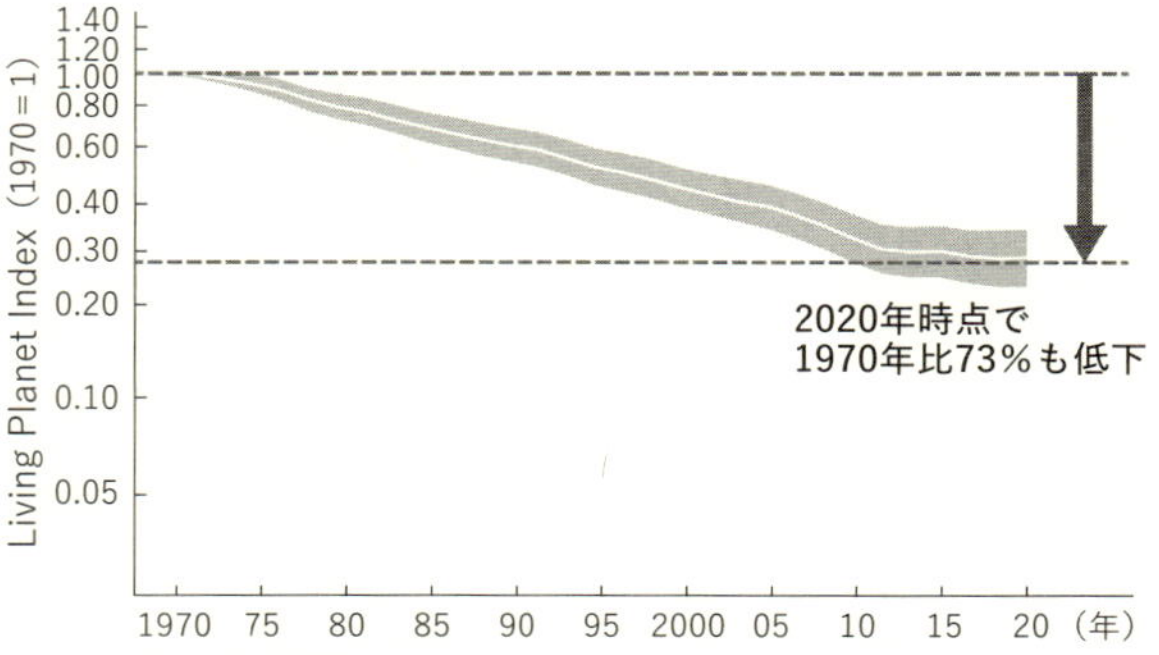

図表3-Ⅱ-1　世界の生物多様性の健全性を測る代表的な指標「生きている地球指数」[3]の推移

注：5495種の脊椎動物における、約３万5000の個体群のデータに基づき、ロンドン動物学協会が作成。失われた個体数や個体群の数ではなく、特定の地域で確認された生息数の変化を示している

出所：環境省、World Economic Forum、WWF資料

いわが国にとって、持続可能な経済活動の土台となる資源の安定的な確保という経済安全保障の観点からも、限られた資源を効率的・循環的に有効利用するサーキュラーエコノミー（CE）への移行を推進していかなければならない。

3　自然資本の劣化

世界の総付加価値額のうち、半分以上（少なくとも44兆米ドル）は自然資本に依存した産業から生み出されている。[2] 森林、土壌、水、大気、生物資源などの自然資本は、農林漁業・食品・建設・電力等の自然への依存度の高い産業にとどまらず、サプライチェーン全体を通じて、多くの経済活動の維持・拡大にとって不可欠である。経済・社会活動の基盤である、自然の保全・回復に向けた活動は、社会のあらゆる主体の責務である。

とりわけ、生物多様性は、生態系を育み、自然の回復力を高め、生態系による恩恵を享受し続ける点で極めて重要であるものの、その健全性を測る指標は直近50年間で著しく低下しており、世界の自然は劣化の一途を辿っている（図表3－Ⅱ－1）。

4　電力需要の増加見通し

わが国の電力需要は、長年にわたって減少傾向にあった。しかしながら、生成ＡＩの活用拡大を背景としたデータセンター・半導体工場の新設や、電化等をはじめとしたＧＸの進展に伴い、将来の電力需要は増加の見通しに転じた。

省エネや革新的技術によるエネルギー効率の根本的改善にさらに取り組む必要があるが、現時点では、こうした効果を織り込んでもなお、電力需要は増加する見通しである。既に電力需給の逼迫が断続的に発生しているわが国の状況を踏まえ、電力の安定供給確保に向けた対応を急がなければならない。

施策

1　ＧＸの推進

わが国をはじめ多くの先進諸国が２０５０年ＣＮの実現を目指している。今日、米国、欧州等において、急ピッチに脱炭素の実現を図る動きへの反動が一部に見られるものの、気候変動問題は紛れもない科学的事実であり、長期的な視点に立って、ＣＮ実現への取り組みを継続していく必要がある。ＣＮは現存する技術だけでは到底実現できず、様々な革新的な技術開発とその社会実装が必要であり、技術的にも経済的にも、極めてチャレンジングな課題である。加えて、その過程において、追加的なコスト負担や産業構造の転換等を伴うことから、国民の理解や行動変容も重要である。２０５０年ＣＮへの挑戦を、単に日本経済の重石とすることなく、投資を加速し産業競争力を強化するなど、将来に向けた成長戦略としていく観点から、経済社会全体の変革であるＧＸの実現が不可欠である。政府は国民理解を醸成しつつ、施策を推進する必要がある。

⑴戦略的投資促進策の推進等

ＣＮ実現に向けては、経団連提言「グリーントランスフォーメーション（ＧＸ）に向けて」（２０２２年5月公表）（以下、ＧＸ提言）で示した通り、①再エネや原子力といったゼロエミッション電源（脱炭素電源）の確保や、②電化の推進、③次世代電力ネットワークの実現、④熱源へのカーボンフリー水素・アンモニア・合成メタンの導入、⑤材料におけるカーボンリサイクル、ケミカルリサイクルの推進、⑥省エネの徹底、生産プロセスの変革、革新的製品・サービスの開発・普及、⑦ネガティブエミッションといった、７つの道筋のすべてに取り組むことが不可欠である（図表３－Ⅱ－２）。

これらのＧＸ実現に向けた必要投資額は莫大なものとなる。前述のＧＸ提言では、２０５０年ＣＮ実現に向けて、累計４００兆円程度の投資が必要と試算した。ＧＸ提言を受けて、政府は、10年間で官民あわせて１５０兆円超のＧＸ投資実現との目標を掲げ、ＧＸ経済移行債を活用した20兆円規模の先行投資支援策を講じている。民間のみでは対応が困難な革新的技術や社会インフラへの投資を政府が進めることで、民間企業の予見性を高め、民間投資拡大を促すことが重要である。また、ＧＸ実現のためには、革新的技術の開発・社会実装、および市場創出に向けて、継続的な投資が必須である。それらも踏まえて、政府は２０４０年に向けて、重点分野において、戦略的投資促進策を継続すべきである。

あわせて、産業競争力の強化と温室効果ガス（ＧＨＧ）の削減を両立させるＧＸ－ＥＴＳ

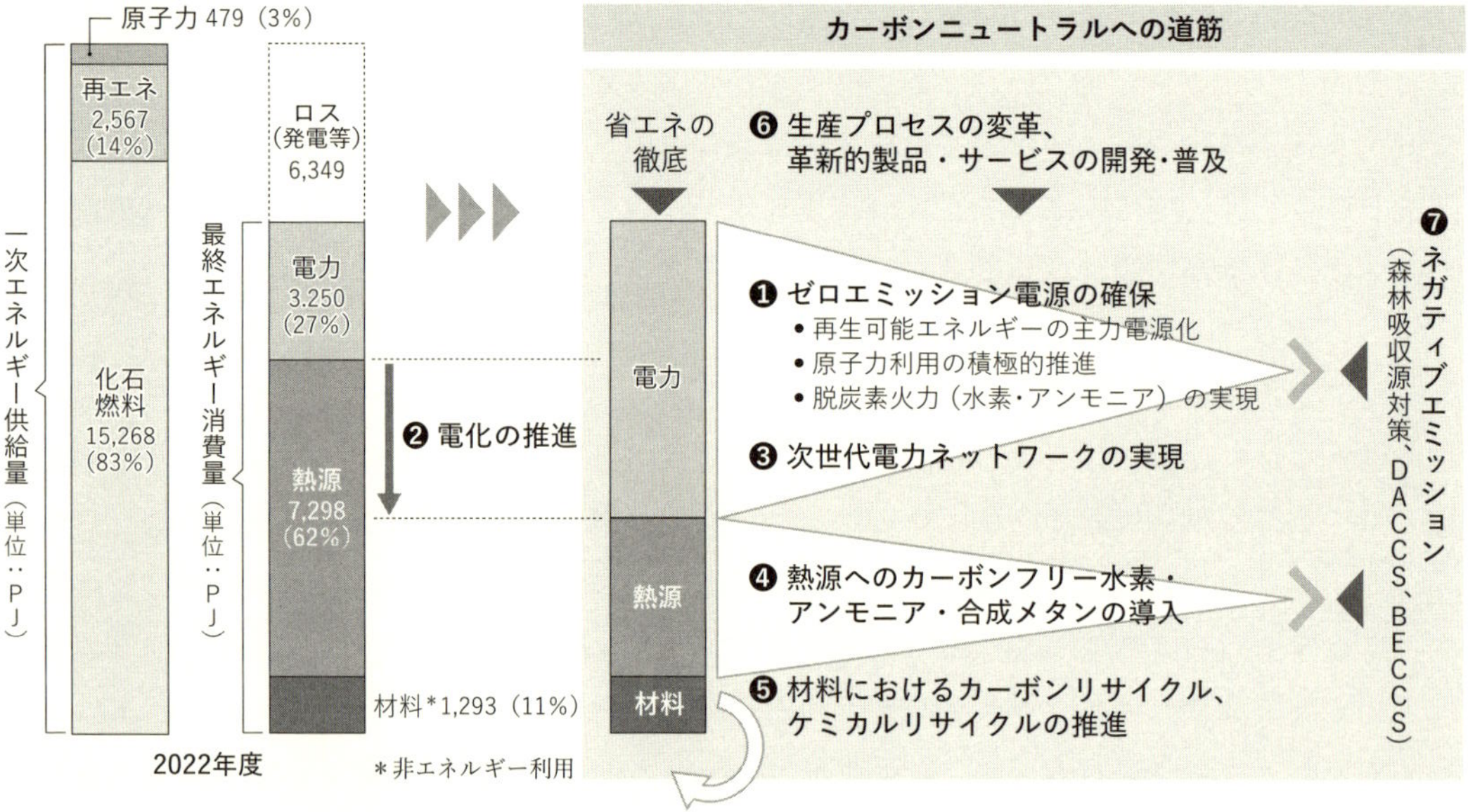

図表3-Ⅱ-2　CN実現に向けた7つの道筋

出所：総合エネルギー統計、経団連提言「グリーントランスフォーメーション（GX）に向けて」（2022年5月）をもとに経団連事務局作成

（排出量取引制度）を適切に設計・運用することを通じ、ＧＸ経済移行債の償還財源を確保する必要がある。

以上の通り、ＧＸへの先行投資を促進する規制・支援一体型の政策パッケージ「成長志向型カーボンプライシング構想」を具体化することで、わが国において第2章で論じたモダン・サプライサイド・エコノミクスのモデルケースを創出すべきである。

同時に、国内外の民間資金を取り込むことも重要である。特に、２０４０年に向けては、長期的な戦略に則り、着実にＧＨＧを削減する取り組みに対する資金供給、トランジションファイナンスの重要性が高い。国内外への発信を通じてトランジションファイナンスに対する一層の理解醸成を図るとともに、わが国における議論を国際的な基準・ルール・ガイダンス等に係る議論に反映していくべきである。

また、近年では、金融機関の投融資先のＧＨＧ排出量であるファイナンスド・エミッションの削減が求められつつあり、トランジション（移行）の過程にある多排出産業への投融資における課題となっている。経済全体での中長期的な排出削減に資する投融資を阻害することがないよう、官民で課題解決に向けた議論を継続する必要がある。

(2)グリーンマーケットの創出

わが国におけるGX投資の促進のためには、企業のGX投資によって生み出される製品・サービス(以下、「GX製品」)が適切に評価され、需要されるグリーンマーケットの創出が求められる。

現状、製品の製造時またはライフサイクル全体を通じたGHG排出量に関する情報が、購買判断に十分な影響を与えているとは言い難い。これは、GHG排出量に関するデータが十分に「見える化」(定量化・可視化)されず、消費者にグリーン価値を訴求できていないことが要因としてある。

定量化にあたっては、CFP(カーボンフットプリント。CO_2などのGHGの出所を調べて把握すること)のみならず、企業の投資により従来製品比でどれだけ排出量を削減できたかを示す「削減実績量」、製品の使用段階等、自社外で実現した排出削減量を示す「削減貢献量」を、製品のグリーン価値を評価する指標として用いることで、より幅広いGX投資を喚起すべきである。

可視化に関しては、製品のグリーン価値を、最終消費者に訴求する仕組みが必要である。一定のグリーン価値を有する製品へのラベリング等のあり方について、官民で検討を進めることが求められる。

また、「見える化」とともに、GX製品の需要創出も不可欠である。GX製品は、排出削減コストの転嫁等により、従来製品よりも価格が高くなる傾向にあるが、多くの場合、製品の性能は変わらない。政府自らがGX製品を積極的に調達するとともに、GX製品を購入する企業・消費者に対するインセンティブを付与すべきである。同時に、グリーン価値に対する理解を醸成するための啓発活動を展開する必要がある。

⑶革新的技術、GX製品の海外展開

わが国企業のビジネス機会を生み出すとともに、地球規模のCNに貢献する観点から、わが国企業が有する革新的技術やGX製品を、海外にも積極的に展開することが重要である。特に、継続的な人口増加と経済成長により、エネルギー需要の増加が見込まれるアジア諸国に市場を拡大するため、第1章でも触れたAZEC（アジア・ゼロエミッション共同体）等の枠組みを活用すべきである。

2　多様なエネルギー源のベストミックスの追求

わが国の経済成長と産業競争力を維持・強化していくためには、国際的に遜色のない価格で

の安定したエネルギー供給を実現していくことが肝要である。今後、電力需要の増加が見込まれるなか、まずは省エネ設備への更新促進や高効率設備等の開発普及をはじめとする省エネ対策の徹底が重要である。わが国は天然資源に乏しい島国であることに加え、気象や地理的条件において太陽光・風力といった再生可能エネルギーの活用にも一定の制約がある。この状況に鑑みれば、S＋3Eを大前提に、特定のエネルギー源に過度に依存することなく、再生可能エネルギー、原子力といった脱炭素電源を最大限に活用し、あらゆるエネルギー源を適切に組み合わせていくことが不可欠である。

⑴電力

(i)再生可能エネルギー

再生可能エネルギーは、わが国のエネルギー自給率向上に寄与する、重要な脱炭素電源である。「低コスト」「安定供給」、地域共生を含む「責任ある事業規律」の3点を備えた再生可能エネルギーの導入を加速し、主力電源化を図るべきである。太陽光、風力、地熱、水力、バイオマスといった電源種によって異なる課題を地道に解決していく必要がある。取引先や金融機関等から再生可能エネルギーの利用を求められる事例が増加するなか、主要な輸出品や重要物資を含め、国内の産業を支えるうえで、再生可能エネルギーへのアクセスを十分確保することが不可欠である。
同時に、ペロブスカイト太陽電池や浮体式洋上風力をはじめとする、次世代技術の開発・普及にも取り組むべきである。

(ii)原子力・核エネルギー

原子力は、少量の燃料により長期にわたって運転可能な準国産エネルギー源であり、安定的な出力が可能な脱炭素電源である。2050年CNを追求すると同時に、科学技術立国を支える産業を維持していく観点から、原子力・核エネルギーを最大限に活用していく必要がある。2011年の福島第一原子力発電所事故を真摯に反省し、安全性の確保を大前提に、国が前面に立って最大限の活用を進めるべきである。

〈バックエンドの課題解決〉

原子力の継続的活用の前提として、核燃料サイクルの確立、高レベル放射性廃棄物の最終処分といった、バックエンドの課題解決が不可欠である。
わが国が推進する核燃料サイクルは、原子力発電所で使用した「使用済燃料」を再処理し、回収されるプルトニウム等を有効活用しようとする取り組みである。[4] 核燃料サイクルは、高レベル放射性廃棄物の減容化（体積の圧縮）や有害度の低減、ウラン燃料の有効活用に資するものであり、早期の確立が求められる。まずは、サイクルの中核となる六ヶ所再処理工場の竣工が喫緊の課題であり、事業者・政府が総力を挙げて取り組む必要がある。あわせて、軽水炉で再処理後の燃料を利用する「プルサーマル」の推進が必要であり、その意義[5]・安全性について、理解醸成に取り組むべきである。

また、高レベル放射性廃棄物の最終処分は、原子力を利用するうえで現世代が避けて通れない重要な課題である。処分地選定にあたっての最初のステップである文献調査を受け入れる自治体がさらに拡大するよう、情報提供を含む理解醸成を進める必要がある。

〈既設原子力発電所の再稼働の加速、革新軽水炉の建設具体化〉

原子力の活用を進めるにあたり、まずは、地元の理解を得たうえで、安全性の確保を大前提に、既設の原子力発電所の再稼働を加速する必要がある。

また、２０４０年代以降、原子力発電所の設備容量が急速に減少する見込みであることから（図表３-Ⅱ-３）、建設等には十数年から20年のリードタイムを要することを踏まえ、革新軽水炉の建設を早急に具体化すべきである。

そのためには、原子力事業者の投資回収予見性の確保や資金調達環境の改善をはじめとする

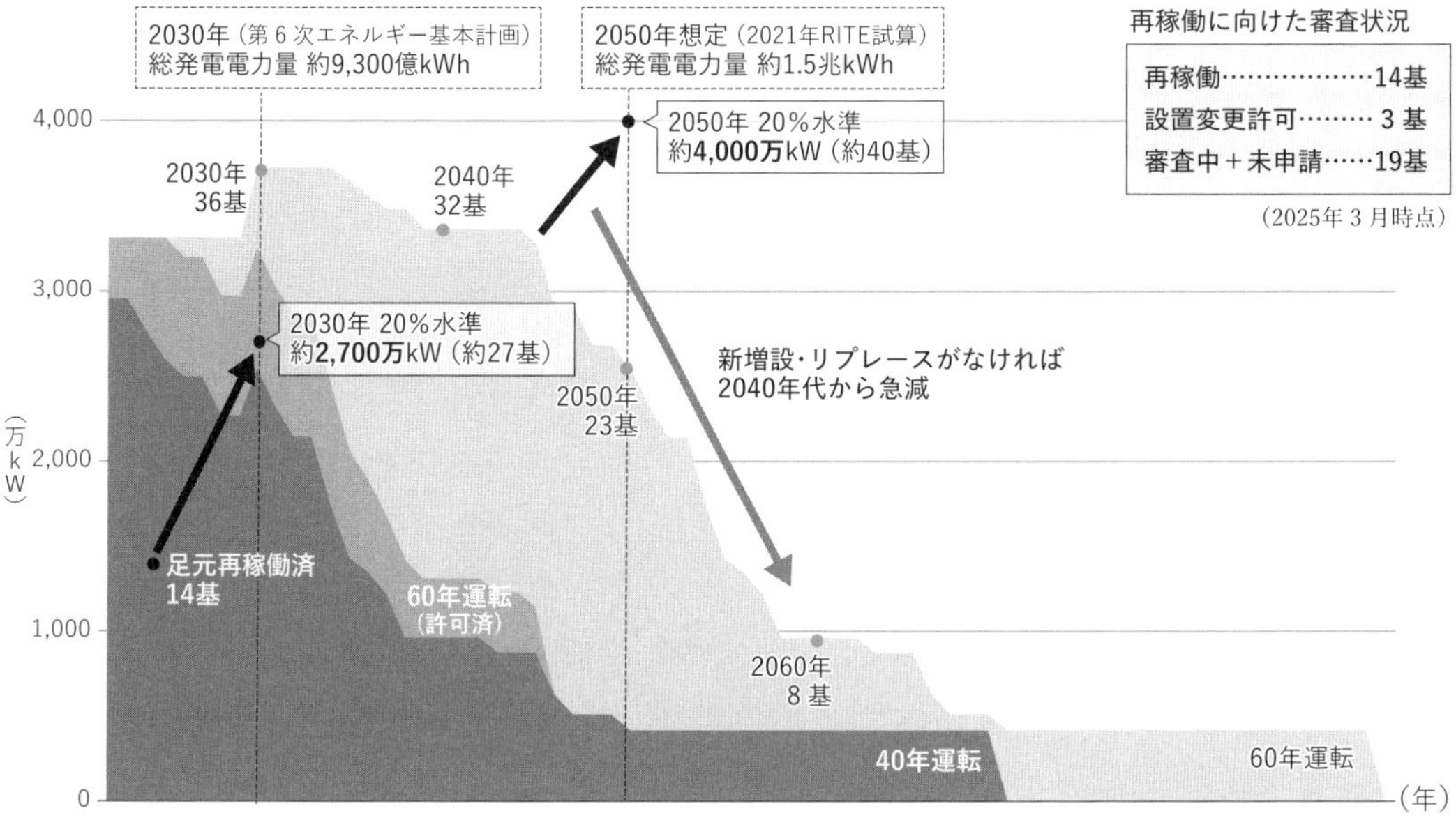

図表3-Ⅱ-3　原子力発電所の設備容量見通し

出所：日本原子力産業協会、資源エネルギー庁資料より経団連事務局作成

事業環境整備が重要である。海外の事例も参考に、建設リスクの引き受けに関し、官民の適切な役割分担のあり方を検討すべきである。

〈高温ガス炉や高速炉の開発・実装の加速〉

あわせて、高温ガス炉や高速炉の開発・実装を加速し、早期実用化を目指すことが重要である。

高温ガス炉は、最高で1000℃程度の高温熱を活用し、発電のみならず、産業向けの熱供給や、GXに必要な燃料である水素の大量・安価な製造につながり得る。高速炉は、最終的に発生する高レベル放射性廃棄物の体積を7分の1に圧縮し、有害度が元の天然ウランと同レベルになるための期間を300年程度にまで短縮できる可能性があり、放射性廃棄物の処分に大きな意義を有する。

他方、これらの開発は中国・ロシアが先行しており、経済安全保障はもとより国家安全保障上の懸念ともなり得る。米英仏といった基本的価値観を共有する各国との人材・技術面での連携を強化しつつ、国内の技術確立を急ぐ必要がある。

〈核融合の開発加速〉

同時に、将来のエネルギー源として、核融合の技術開発・実装の加速に取り組むことが不可欠である。

国際プロジェクトとして進められている実験炉・ＩＴＥＲに引き続き積極的に関与し、知見の獲得を進めつつ、原型炉開発に早期に着手できるよう、具体的な方針が求められる。科学技術立国を掲げるわが国としては、国際競争に劣後しないよう、産官学連携のもと、可能な限りの早期実用化を目指し、人材育成・技術開発に取り組むべきである。

以上の通り、次世代革新炉の開発・実装には、時系列を持った取り組みが必要である（図表３－Ⅱ－４）。取り組みの加速に向けて大胆な政策的支援を講じるとともに、高温ガス炉・高速炉に係る適切な規制基準の設定、核融合に係る新たな安全規制について、早い段階から検討を進めるべきである。

(iii)火力

火力は、発電時の出力調整が容易であり、再生可能エネルギーの出力変動等に対応して需給バランスを保つ「調整力」の提供をはじめ、電力の安定供給に重要な役割を担っている。他方、２０５０年ＣＮに向けて、また、エネルギー自給率向上の観点からも、火力への依存度低減を

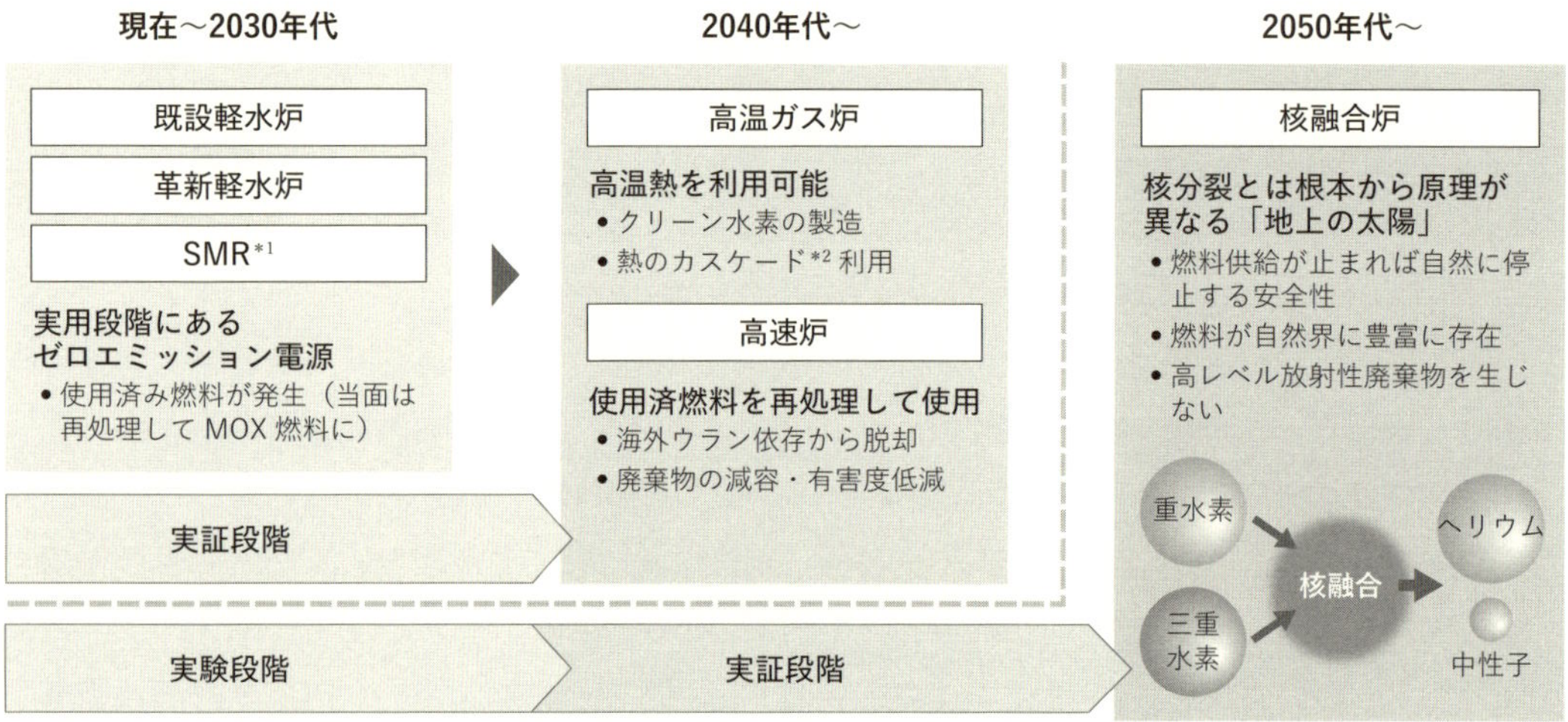

＊1 Small Modular Reactorの略で、小型モジュール炉とも呼ばれる。従来の電気出力1,000 MW級大型原子炉に比べ、1基当たりの電気出力が概ね300MW以下とされる。

＊2 高温域の熱を発電などの高温を必要とする用途に使い、そこから生じた排熱を蒸気や温水として利用するといったように、熱エネルギーの温度帯に応じて様々な用途に段階的に活用する方法。

図表3-Ⅱ-4　次世代革新炉の活用に向けたロードマップ

出所：経団連事務局作成

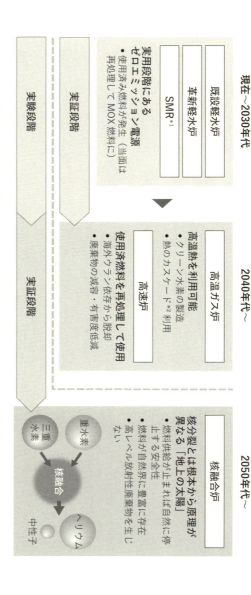

図る必要がある。排出削減対策が講じられていない火力の発電量を抑制するとともに、高効率ＬＮＧ（液化天然ガス）火力の活用、発電所や化学工場などから排出されたCO_2を、ほかの気体から分離して集め、地中深くに貯留・圧入するＣＣＳ[6]の導入、水素やアンモニアの混焼・専焼の実装など、火力の低炭素化・ゼロエミッション化に向けて着実に取り組むべきである。

ⅳ次世代電力ネットワークの確立

電力需要が増加の見通しに転じるなか、送配電インフラの更新・増強への投資が不可欠となっている。計画的・戦略的な整備を進めるべく、費用の透明性と効率性追求のための規律を確保したうえで、大規模な系統整備に対する投資を支える仕組みを設けることが必要である。同時に、蓄電池の導入やＤＲ（ディマンド・リスポンス）[7]といった、小規模分散型リソースの活用が求められる。

あわせて、半導体やデータセンターといった大規模な需要設備を脱炭素電源が立地する地域に誘導するなど、電力ネットワークの状況を勘案し、電源・需要設備の立地を進めるべきである。

(2)燃料の確保と熱源のトランジション

化石燃料については、依存度を低減させつつ、トランジション期における安定調達を確保することが不可欠である。エネルギー資源の権益確保や投資保護規律を含む協定の強化・拡大、長期契約の確保や調達先の多角化等に官民を挙げて取り組むことが求められる。

あわせて、水素、アンモニア、合成燃料、合成メタン、SAF（持続可能な航空燃料）といったCN燃料の活用促進も必要である。化石燃料等との価格差に着目した支援やサプライチェーン構築に向けた支援を着実に実施するとともに、経済的な自立を促進すべきである。

また、回収・貯留したCO_2を利用するCCUSの推進も極めて重要であり、社会実装に向け、開発・実証の加速が求められる。加えて、大気中に存在するCO_2を直接回収して貯留するDACCS[8]や、バイオマスの燃焼により発生したCO_2を回収して貯留するBECCS[9]の実用化に取り組むべきである。

3 CEへの移行

わが国では、循環型社会形成推進基本法をはじめ各種リサイクル法が施行され、日本発の概念である3R[10]、すなわちReduce（廃棄物の発生抑制）、Reuse（再使用）、Recyc

１ｅ（再資源化）を旗印として、政府・自治体・経済界・ＮＰＯなど関係者の努力に加え、国民の主体的な協力を得て、国際的にも先進的な循環型社会を形成してきた。

２０４０年に向けては、ＣＥへの移行をドライビングフォースとして、企業や業種の垣根を越えたバリューチェーン全体で連携し、経済活動の土台である資源調達や生産・消費のあり方を変革していくことが新たな課題である。これにより、①希少資源を含む資源の調達リスクの低減、②資源循環分野における環境負荷の低減とＣＮへの貢献、③地域の循環資源や再生可能資源の特性を活かした付加価値創出による地域経済活性化を図るべく、施策を推進する必要がある。

⑴質および量の両面で十分な再生材の供給体制構築

(i)ものづくり産業の国際競争力強化に向けて

わが国は国際的にも先進的な資源循環技術やノウハウを有するとともに、３Ｒへの取り組みが国民生活に根付いており、今後とも、質・量両面における資源循環の一層の高度化に取り組むことが重要である。その際、質の高い資源循環を目指し、使用済み製品を原料として、再び同じ種類の製品を製造する水平リサイクルに取り組むことは効果的な選択肢の一つである。また、国内に存在する使用済み製品等を「都市鉱山」として捉え、鉱物資源（ベースメタル、レアメタル）や蓄電池等の製品の安定供給に貢献することや、水平リサイクルを視野に入れた再生材活用促進等に対応することは、２０４０年を見据えた、ものづくり産業の国際競争力強化につながることが期待できる。

(ii)事業者間連携と消費者理解を得てウェルビーイングの実現を

質・量両面における再生材の供給体制を構築するうえでは、求められる品質や量の再生資源を製造事業者等が確保できるよう、効率的回収の実現や再資源化工程の高度化・脱炭素化を図りつつ、関係事業者間での連携を図ることが必要である。また、廃棄物の焼却時における廃棄物発電等による熱回収の高度化や、廃棄物系バイオマスのメタン発酵で得られるメタンの回収とこれを用いた発電や燃料としての利用、分離・貯留したCO_2を利用するＣＣＵＳ[11]等の技術開発と実装により、資源循環のバリューチェーンやサプライチェーンでのＣＮに貢献することも重視すべき点である。

加えて、消費者や住民が、再生材を用いた製品やサービスの持つ「環境価値」に対する理解を深め、それらの需要が喚起されることも重要である。[12]

前記のような取り組みが相乗効果を生み出すことができる経済社会に進化することにより、複数の地域において、各地域の特性に応じた地域循環モデルが形成され、雇用創出や住民のウエルビーイング向上等を実現することが、２０４０年に向けて目指すべき循環型社会の姿と言える。

⑵資源循環に関する情報流通基盤およびデータベースの構築

ⅰデータ連携により循環型社会の一層の高度化を目指す

ＣＥへの移行に向けては、研究開発や製品・サービスの提供に取り組む事業者が、企業や業種の垣根を越えて取り組むことに加えて、資源循環を付加価値とする製品・サービスが国民から評価され、市場で選択されることが重要である。そのためには判断材料としてのデータが必要である。

くしくも欧州では、製品のバリューチェーンを視野に入れた情報共有・流通を可能とするデジタル製品パスポート（ＤＰＰ）の検討など、データ整備への取り組みが始まっている。

わが国においても、競争領域と協調領域の線引きに配慮しながら、資源循環に必要となる製品・素材に係る情報を事業者間で共有するといったデータ連携を推進する必要がある。その際、機密情報の扱いやデータ認証のあり方に配慮するとともに、国際的な議論の動向にも、十分に配慮すべきである。

(ii)資源循環データベースの構築により環境負荷低減と競争力強化につなげる

データ連携の前提となるのは、データベースの整備・充実である。例えば、行政保有データのオープン化と機械判読性に適したデータ形式やレイアウトでの流通促進、電子マニフェストデータの活用によるトレーサビリティ確保等も視野に入れ、データの二次利用（加工、編集、再利用）を可能とする「資源循環データベース」を整備すべきである。これに民間事業者の保有する公開可能なデータを加え、資源循環に係るビッグデータを構築することで、新産業・新事業の創出につなげる視点が求められる。

２０４０年に向けては、例えば、相互運用性を有する「産業データスペース」を通じて、個別の企業や業種の垣根を越えた信頼性の高いデータ連携体制を構築し、ＤＸやＡＩの積極的活用を通じて、バリューチェーン全体で資源生産性を高め、環境負荷の低減と企業の競争力強化につなげていくことが考えられる。

(3)循環性指標の策定および情報開示手法等の確立

(i)ＣＥへの貢献の可視化が必要

ＣＥへの移行を促進するためには、主体的に取り組む企業が、投資家や消費者、取引先をはじめとするステークホルダーから適正に評価されるための環境整備が必要である。欧州をはじめとする内外の投資家等は、企業のＣＥへの取り組みを新たな情報開示対象として捉え、定量性把握のための指標づくりへの関心を高めている。今後、投資家等との建設的な対話に資する、適切な情報開示手法やルールの形成が進むことが期待される。

ⅱデータや指標に基づく取り組みの促進を

ＣＥビジネスへの取り組みは、現状においてコスト高にならざるを得ず、短期的には必ずしも企業収益・消費者便益につながらないとの指摘もある。しかしながら、資源の価値を最大限に引き出して有効活用するＣＥは、２０４０年の未来社会へ向かうなかで、持続的な成長や競争力強化、資源の安定調達リスクの克服といった観点からも実現すべき価値軸と言える。そのような観点から、わが国においても、業種・業態の特性や国際的な議論を十分に踏まえつつ、官民連携のもとで循環性指標や情報開示手法を確立し、データや指標に基づいたＣＥに資する取り組みを一層促進することが重要な課題である。

４　ＮＰの推進

生物多様性・自然資本の保全・回復への取り組みであるネイチャーポジティブ（ＮＰ）の推

進には、自然関連情報の把握と取り組み効果の測定が極めて重要である。企業にとっては、こうした「可視化」こそが、ＮＰへの取り組みが投資家等から評価され、企業価値向上を通じて、さらなる取り組みにつながる「好循環」への基盤となる。また、自治体においても、域内の生物多様性・自然資本を企業に訴求できる価値として捉えることがより容易になれば、地方創生の源泉として、自治体経営のあり方を転換する契機となる。

以下は、ＮＰの取り組みを、コストでなく新たな価値創造につなげる環境整備について論じる。

⑴国際通用性のあるデータ基盤の整備・利活用の促進

企業による生物多様性保全活動および関連する情報開示を推進するうえで、グローバルなバリューチェーン全体における生物多様性・自然資本への依存と影響の把握、保全活動の取り組み効果の測定が求められる。しかし、現状は、自然関連のデータを多様な主体が収集しているため、公表されているデータは必ずしも標準化されておらず、個々の企業の努力で比較可能な数値を把握・活用することには限界がある。

また、より適切な保全管理の推進、多様な主体が連携した保全活動の促進等を図るうえでも、データ基盤の整備・更新は有用である。とりわけ、気候変動対策と生物多様性保全活動との両立、統合的な取り組みを推進する際には、多数の関係者が同一のデータを用いて議論を深め、具体策を検討する必要がある。

これらの観点から、生物多様性・自然資本に関するデータへのアクセス改善は急務であり、データへのオープン・アクセスを確保できるよう、国主導でデータ基盤の整備・更新を進めることが極めて重要である。

なお、情報開示への対応という点では、地域特性の把握に資するということに加え、国際的に合意された基準・指標に準拠した比較可能なデータが必要であることから、そのデータ基盤の整備が求められる。したがって、データ基盤の整備にあたっては、国際通用性のあるデータ収集・分析手法を積極的に用いるとともに、グローバル・ベースのデータ基盤[13]との接続も肝要である。将来的には、生物多様性や自然資本の保全に資する物品・サービスの相互承認の推進等への活用も視野に、国主導での国際的データ連携の仕組みの整備を強く期待する。

⑵評価・モニタリング手法の確立

企業による生物多様性保全への取り組みに関する情報開示においては、生物多様性の維持・回復状況といった効果の可視化が求められる。そのためには、国際的に比較可能な分かりやすい評価手法が不可欠である。その際、地域特性や産業構造等を背景に各国で生物多様性・自然資本の保全の重点分野や手法が異なることを踏まえ、投資家をはじめ多様なステークホルダーの理解促進に資するものとすべきである。

また、簡便で使い勝手のよいモニタリング手法でなければ、企業が継続的に生物多様性の保全・回復効果を測定・分析し、保全管理を行うことは困難である。この点、日本企業が有する技術を対策効果の計測・モニタリング手法で活用し、NPにイノベーションで貢献することが期待される。

政府は、国際的な評価手法の開発に積極的にコミットし、日本企業の取り組みが国際社会から正しく評価されるよう働きかけるべきである。また、国際的に認められるモニタリング手法の開発にあたり、日本企業の技術・製品・サービスを活用できるよう支援することを求めたい。

このように、開示・評価手法の開発・確立にあたり、イノベーティブな製品やソリューションの開発や普及、ひいてはマーケットの創出や拡大を後押しすることで、保全活動の「好循環」を創出していく必要がある。

(3)国際社会をリードするNP経営モデルの構築・普及

日本企業においては、自社の生物多様性のための活動についてその決定・報告・関与を高いレベルへと引き上げていく傾向が見られ、より全社的な推進体制への移行が進みつつある。[14]また、自社の敷地・周辺地域における環境影響評価の観点から、日本企業はかねてより地域特性の尊重を基本とした生物多様性保全活動に取り組んでおり、2022年12月の国連生物多様性条約第15回締約国会議（CBD‐COP15）で採択された「昆明・モントリオール生物多様性枠組」（GBF）の23の目標に資する活動を幅広く推進している。

こうした日本企業の取り組みの蓄積・強みを活かしつつ、裾野の拡大と取り組みの深化を進める必要がある。すなわち、目先の保全効果だけではなく、バリューチェーン全体を通じた保全効果の向上を図るとともに、情報開示手法の発展に貢献することで、国際社会をリードするネイチャーポジティブ経営モデルの構築・普及に取り組むことが重要である。

その際、今後の生物多様性保全活動の推進には社会のあらゆる主体の参画を当然のこととしていく必要がある。そのためにも、政府が保全活動に関する知見とノウハウを幅広く共有することを支援するとともに、多様な主体の参画・連携促進等に取り組むことが望ましい。

1 経団連は、1990年代後半より、名称や内容をバージョンアップしながら、温室効果ガス削減に向けた「カーボンニュートラル行動計画」、産業廃棄物最終処分量の削減や資源循環の質向上に向けた「循環型社会形成自主行動計画」、自然保護・生物多様性保全に向けた「経団連生物多様性宣言・行動指針」を策定し、会員企業・団体による自主的取り組みを継続的に推進。

2 世界経済フォーラム（WEF）「New Nature Economy」（2020年1月公表）

3 ５４９５種の脊椎動物における、約3万５０００の個体群のデータに基づき、ロンドン動物学協会が作成。失われた個体数や個体群の数ではなく、特定の生息域で確認された生息数の変化を示している。

4 原子力発電に伴い発生する使用済核燃料の中から、ウラン・プルトニウムといった再利用可能な物質を取り出し（再処理）、「ＭＯＸ：Mixed Oxide（混合酸化物）燃料」と呼ばれる燃料等に加工して、もう一度発電に利用する取り組み。

5 原子力の平和利用の観点から、原子力委員会による「我が国におけるプルトニウム利用の基本的な考え方」（２０１８年）に基づき、「利用目的のないプルトニウムは持たない」との原則を掲げるわが国として、プルトニウム量を適切に管理することが求められる。再処理後に回収されるプルトニウムをＭＯＸ燃料に加工して軽水炉で利用するプルサーマルにより、プルトニウムの着実な消費とウラン燃料の有効活用が可能となる。

6 「Carbon dioxide Capture and Storage」（CO_2の回収・貯留）の略。

7 空調や動力装置といった電力消費機器等の稼働状況を調整すること等によって、電力の需要側において需要量・タイミングを変化させること。

8 「Direct Air Capture with Carbon Storage」（大気中のCO_2の直接回収・貯留）の略。

9 「Bioenergy with Carbon Capture and Storage」の略。生物資源を燃料とするバイオマス発電と、CO_2を回収し地中に貯留するＣＣＳ技術を組み合わせたもの。

10 ２００４年のＧ8サミットにおいて、小泉総理（当時）が循環型社会の構築を目指す「３Ｒイニシアティブ」を提案した。

11 「Carbon dioxide Capture, Utilization and Storage」（CO_2の回収・利用・貯留）の略。

12 政府は、循環経済関連ビジネスの市場規模を２０２０年50兆円から、２０３０年までに80兆円、２

050年には120兆円まで拡大させる目標を掲げている。

13 例えば、国連環境計画世界自然保護モニタリングセンター(UNEP-WCMC)が管理する「OECM(保護地域以外の生物多様性保全に資する区域)国際データベース」やユネスコ傘下にある「海洋生物多様性データベース」(OBIS)等。

14 経団連・経団連自然保護協議会「企業の生物多様性への取組に関するアンケート調査概要(2023年度調査)」(2024年10月公表)8頁。

第3章－Ⅲ

地域経済社会

目指すべき姿

■現行の地方自治体の垣根を越えるより広い圏域で、多様な主体が切磋琢磨することで、人口減少下においても、地域経済社会が多極分散型で自律的・持続的に発展し、地域の個性を活かした多様な取り組みが実現している

■平時・災害時いずれにおいてもデジタル技術の徹底活用が浸透し、圏域を越えて切れ目のない行政サービスが展開されている

政府の役割

■地方自治体・地域を担う多様なステークホルダーの主体性に基づく、バーチャルな圏域も含めた広域連携の推進（「新たな道州圏域構想」）

■国土のグランドデザイン・中長期のロードマップの策定、地域生活圏の構築支援

■自然環境の激変に対応したインフラの点検・再整備

■デジタル技術の徹底活用（国によるデジタル共通基盤、デジタルライフラインの総合整備・構築、スマートシティの社会実装等）

■官民連携による戦略的な産業立地、地域産業の振興

企業の役割

■特色ある地方大学の産学官連携による地域振興および担い手の輩出促進

■各地域でのデジタル技術の社会実装
■官民連携による地域への投資拡大・雇用創出
■地域資源を活かした産業の育成（農業・観光・エネルギー等）

わが国にとって今後避けることができず、克服すべき大きな課題の一つは少子高齢化・人口減少である。2040年頃を展望すれば、少子高齢化・人口減少はさらに加速し、高齢化率はピークを迎える。こうした状況のなか、首都圏への一極集中や、地域の担い手となる人材不足に歯止めがかからないまま人口減少が進めば、この影響を真っ先に受けるのは地方部の規模の小さな地方自治体である。

とりわけ、こうした地方自治体では、行政サービスの提供・質の維持・向上が困難になる可能性がある。さらに、現状においても、多くの地方自治体は、国の「地方創生」に資する政策メニューの要件に基づいた施策を講じているため、類似した内容となりがちであり、地域独自の取り組みや創意工夫に基づく地域経営が十分に展開されているとは言い難い。これまでのような、単独の基礎自治体がフルセットの行政サービスや特色ある施策を講じるやり方には限界が来るだろう。

このような状況を踏まえて、当ビジョンでは２０４０年のわが国の地域経済社会について、「現行の地方自治体の垣根を越えるより広い圏域において、多様な主体が切磋琢磨することで、人口減少下においても、地域経済社会が多極分散型で自律的・持続的に発展していること」を目指すべき姿とする。その実現には、地域資源（ヒト・モノ・カネ・情報）や地域の個性を最大限活かし、自然や文化、食といった地域の魅力を世界に発信し、多様な取り組みを展開していく必要がある。

目指すべき地域経済社会の実現に向けて鍵となる施策の一つは、「広域連携の推進」である。本節では、広域連携推進の手段の一つとして、「新たな道州圏域構想」を提起する。都道府県より広域のブロックを一つの仮想単位（「道州圏域」）として、それぞれが独自の施策を実行していく考え方である。

また、昨今の各地における災害の頻発化・激甚化を見ると、日本の気候はもはや亜熱帯化していると言わざるを得ない。自然災害が頻発化・激甚化するなかでは、平時・災害時いずれにおいてもデジタル技術の徹底活用が各地域で浸透し、圏域を越えて切れ目のない行政サービスが展開されている必要がある。本節では、自然環境の変化に対して、将来の災害に備えた防災まちづくり、防災ＤＸの活用、インフラの点検・再整備のあり方について論じる。

現状認識

1 人口分布の変化（地域別人口の将来の姿）

わが国は、すでに急速な少子高齢化・人口減少社会に直面している。国立社会保障・人口問題研究所の推計によれば、2008年の1億2802万人をピークに、2040年の総人口は1億1284万人となり、これは1976年の総人口（1億1309万人）に相当するが、地域ごとの人口分布と年齢構成は、当時とは大きく異なる。

具体的には、図表3－Ⅲ－1の通り、1976年当時と比べて、首都圏は人口が増加しているものの、地方部は人口減少が一層進行している。また、図表3－Ⅲ－2の通り、生産年齢人口（15～64歳）は2040年時点で6213万人まで減少し、1976年当時と比較して、約2割も減少する。圏域ごとにみると、生産年齢人口は、首都圏エリア以外のすべての地域で減少しており、とりわけ、東北圏や四国圏等の生産年齢人口の減少率は5割に迫っている。

こうした人口分布・年齢構成の変化は、地域経済社会に大きな影響をもたらす。特に、人口減少の加速が顕著な地方部においては、地域経済の縮小と労働力不足が避けられず、同時に基礎自治体のガバナンス力の低下、自治体職員・議員の担い手不足、インフラの老朽化等により、

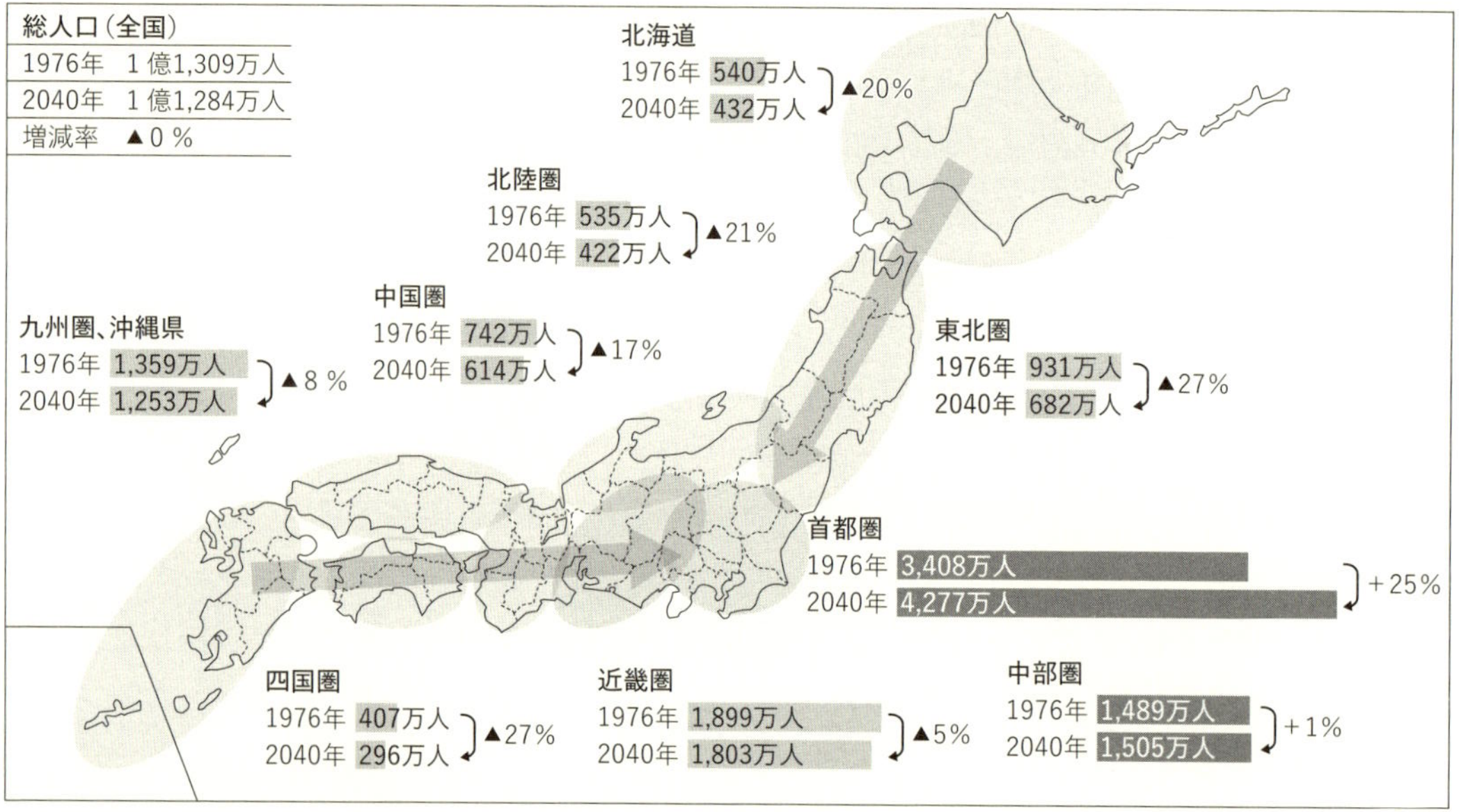

図表3-Ⅲ-1　地域別人口の将来推計

注：本地図は日本の領土を網羅的に記したものではない。首都圏は、茨城県、栃木県、群馬県、埼玉県、千葉県、東京都、神奈川県、山梨県、北陸圏は、新潟県、富山県、石川県、福井県、中部圏は、長野県、岐阜県、静岡県、愛知県、三重県

出所：総務省「人口推計」、国立社会保障・人口問題研究所「日本の地域別将来推計人口（令和5年推計）」より事務局作成

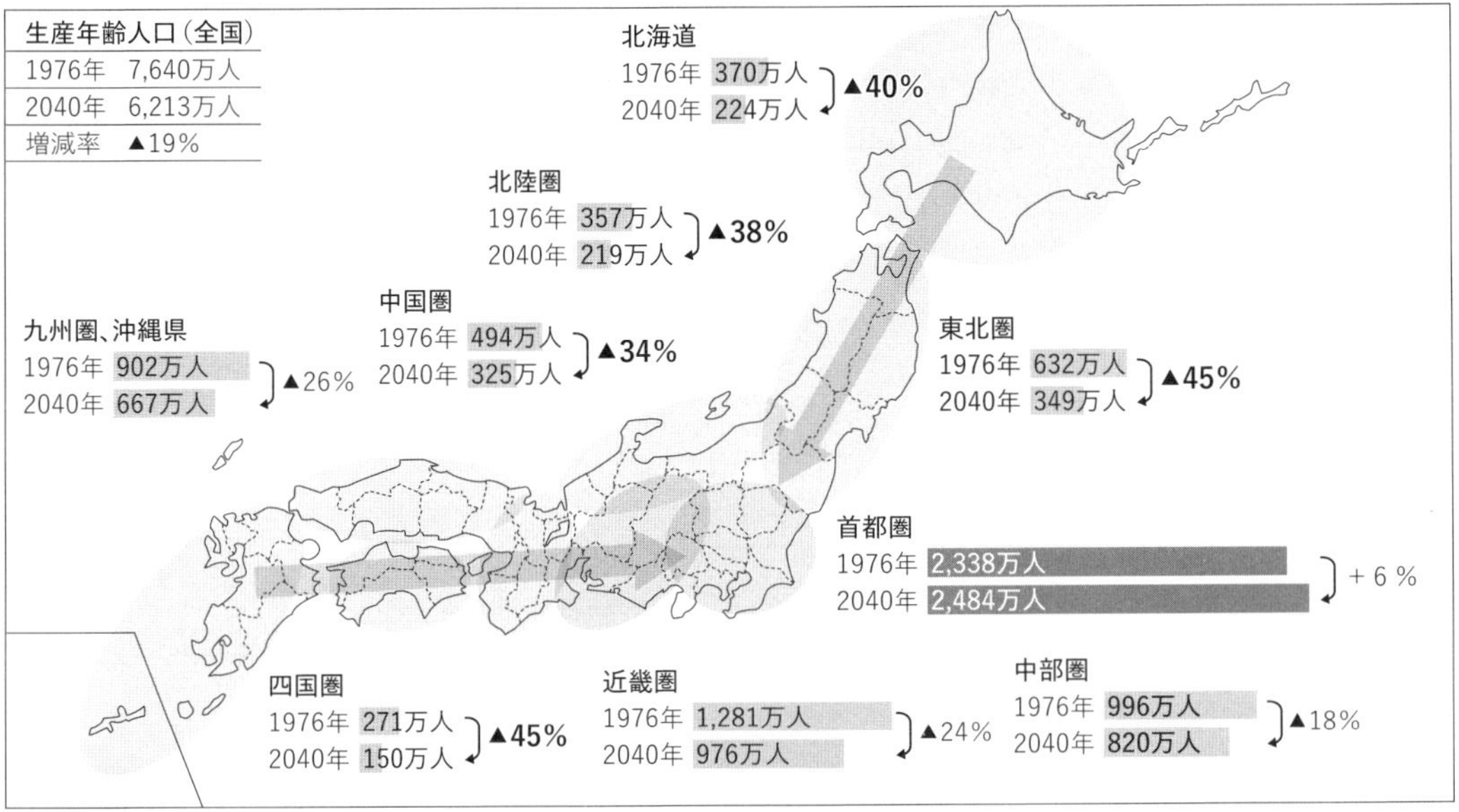

図表3-Ⅲ-2　地域別生産年齢人口の将来推計

注：本地図は日本の領土を網羅的に記したものではない。首都圏は、茨城県、栃木県、群馬県、埼玉県、千葉県、東京都、神奈川県、山梨県、北陸圏は、新潟県、富山県、石川県、福井県、中部圏は、長野県、岐阜県、静岡県、愛知県、三重県

出所：総務省「人口推計」、国立社会保障・人口問題研究所「日本の地域別将来推計人口（令和５年推計）」より事務局作成

行政サービスの提供や質の維持・向上が困難になる可能性が生じる。さらに、高齢化の進展により、医療・介護の需要が増大する一方で、十分な提供体制の整備が困難となる可能性が一層高まる。また、若年層の都市部への流出が続けば、地方部での地域のコミュニティ機能が低下し、地域住民の社会的つながりや災害への対応力の低下が懸念される。

2 地方部から都市部への転出

地方部から都市部への転出は依然として続いており、コロナ禍を経て、その動きは再び加速している。こうしたなか、図表3－Ⅲ－3の通り、国土交通省が2020年に実施したアンケート調査では、地方圏から東京圏へ転出する理由として、仕事・進学先が少ないことや、まちなかの魅力が乏しいことが挙げられている。特に、地方部では都市部に比べて、希望する職種やキャリアアップの機会が限られていることや、魅力的な進学先となる大学や専門学校が少ないことから、若者が就職や進学のために大都市圏へ転出する傾向が強い。

男女別にみると、男性は特に「仕事」や「進学先」による都市部への転出が多い一方、女性は「人間関係やコミュニティに閉塞感があること」や「日常生活や公共交通機関が不便であること」なども転出の理由となっており、地方圏の生活環境に対する不満がみられる。

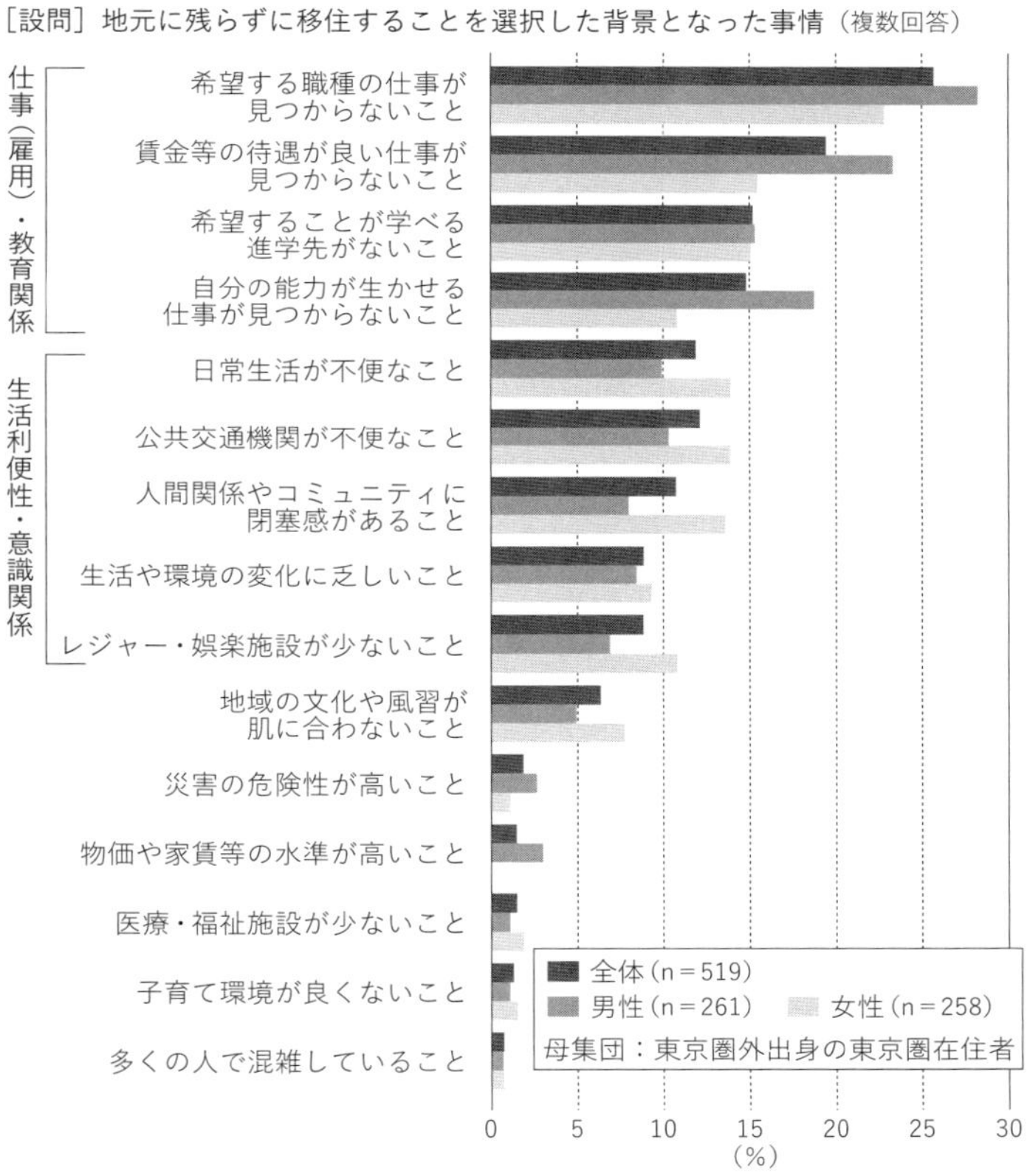

図表3-Ⅲ-3　地方圏から東京圏へ移動する要因（東京圏流入者に対するアンケート）

出所：国土交通省国土政策局「企業等の東京一極集中に係る基本調査（市民向け国際アンケート）」（2020年11月速報）より事務局作成

これらの現状を踏まえると、２０４０年の地域経済社会を展望するにあたっては、地域ごとの人口や年齢構成の変化を踏まえつつ、各地域の魅力を高めることで、地方部から都市部への転出に歯止めをかけるとともに、地方部への大きな人の流れを生み出す施策が必要となる。

施策

1 広域連携の推進（「新たな道州圏域構想」）

地方部で人口減少が加速している状況を踏まえれば、単独の基礎自治体の枠組みでフルセットの行政サービスや特色ある施策を講じることはもはや限界を迎えるだろう。さらに、今後は広域自治体（都道府県）規模においても、人口減少やこれに伴う税収減等によって、質の高い行政サービスの提供が困難になることも予想される。

こうしたなか、地方自治体の地域活性化に関する施策は、国の「地方創生」の政策メニューのなかで講じられていることが多く、各地域の特性を活かした独自の施策が実施されにくい状況となっている。

今後、地域経済社会が自律的かつ持続的に発展していくためには、現行の地方自治体の垣根を越えるより広い圏域において、地域資源を最大限活用した重層的な広域連携を推進していくことが鍵となる。広域連携に関する施策は、これまでも国の広域連携制度[1]をはじめ、様々な手法が用意されている。一方で、国全体として目指すべき広域連携の姿が共有されていないことに加え、都道府県同士といった広域自治体単位で連携する事例は限られている。

そこで、本施策では、国全体での広域連携推進の手段の一つとして、「新たな道州圏域構想」を提起する。

本構想の目的は、現行の地方自治体よりも広い圏域のもとで、①競争力強化や圏域内外の切磋琢磨を促すこと、②独自施策の実効性を確保すること、③内発型の地域づくり[2]を推進することである。

そこで、都道府県より広域のブロックとして、「道州圏域」を一つの仮想単位として位置付け、区割りを設けない形で、バーチャルな道州圏域ごとに大胆な独自施策を実行可能とする仕組みを柔軟に推進する。これまでも道州制の導入に関する議論が進められたが、国民的な議論の深まりや共通認識の醸成には未だ至っていない。本構想は、あくまで地域経営を行う多様な主体が、道州圏域を意識して重層的な広域連携を段階的に推進し、独自施策を実行するための地盤固めを行うためのものである。したがって、近年の経済社会の変化も踏まえつつ、各都道府県や市町村が複数の道州圏域にまたがって施策を展開することも可能と考えるものであり、区割りを示す道州制よりも柔軟な考え方を推進する。[3]

こうした本構想の目的と基本的な考え方を踏まえて、以降では、具体的な施策について論じる。

(1) 地方「分権」から地方「集権」、中央「集権」から中央「分権」への発想転換

これまでの道州制の議論をはじめとした国と地方の関係のあり方や、地方分権改革の議論では、「中央集権」か「地方分権」かの二項対立で進められてきたため、国と地方自治体間の権限や財源の調整が困難となり、地方分権は不十分な改革にとどまっている。

そこで、本構想では、二項対立ではなく、地方「分権」から地方「集権」、中央「集権」から中央「分権」へと発想を転換し、地方分権や中央集権といった国と地方の間での権限の移譲を伴わない施策を検討する。

まず、地方「分権」から地方「集権」は、現行の地方自治体単位よりも大きな圏域単位で施策を立案し、実行していく考え方であり、本構想の根幹となる。この実現のためには、道州圏域ごとに、独自の地域ビジョンやロードマップの策定が不可欠となる。現在でも、国において策定されている国土形成計画（全国計画）を基本として、広域地方計画区域[4]ごとに方針や目標を定める地域ごとの計画（広域地方計画）が定められている。そこで、例えば、この広域地方

計画の役割を強化し、道州圏域ごとの、いわゆる「骨太方針」として位置付けるとともに、各道州圏域の特性を反映した産業や雇用、人材育成、教育（高等教育を含む）、インフラ、エネルギー政策等のあり方について、具体的なロードマップを策定することで、その実効性を担保すべきである。

次に、中央「集権」から中央「分権」は、国と地方の基本的な役割や権限は現行のままとし、国がより各地域の実情を把握しやすい推進主体の下で、「地方創生」の取り組みを進めていく考え方である。すなわち、国の機関であることに加え、各地域の実情を踏まえた業務を所掌している地方支分部局（中央省庁の地方出先機関）が国の「地方創生」に関する各施策の推進主体を担い、道州圏域ごとに策定する計画に基づいた各地域の取り組みを支援することが肝要である。その際、道州圏域ごとの地方支分部局を束ね、調整機能を果たす行政主体を明確化する必要があるが、その機関として、例えば、「道州圏域庁」（仮称）の設置を検討することが考えられる。当該機関は、道州圏域ごとの知事との連携・総合調整機能や、広域地方計画と全国計画の連携を図り、各道州圏域のビジョンの実行を支援する役割が期待される。[5]

⑵道州圏域の施策をリードする主体の明確化・権限強化

本構想を推進していくためには、各道州圏域の施策をリードする主体を明確化することも欠

各地経済団体	ビジョン・構想等の例	概要
北海道 経済連合会	**「2050北海道ビジョン」** （2021年6月公表）	■2050年の「望ましい北海道」（ありたい姿）の実現に向け、「オール北海道」で目標に取り組み、「課題解決先進地域」のフロントランナーを目指す
東北 経済連合会	**「わきたつ東北」** （2017年1月公表）	■2030年に向けた中期ビジョン ■「東北は一つ」という基本理念の下、産学官金（金融）による共創を推進し、従来の経済活動の枠組みを超えて理想の地域経済社会を実現
北陸 経済連合会	**「北陸近未来ビジョン（スマート・リージョン北陸）」** （2019年6月公表）	■2030年代中頃の「ありたい姿」に関するビジョン ■北陸3県を1つの大きな連接した都市圏とみなし、「産業」「観光」「暮らし」の観点からの連携による取り組みについて提言
中部 経済連合会	**「中部圏ビジョン2050」** （2025年2月公表）	■「豊かで持続可能な社会」の実現を目指す2050年に向けた長期ビジョン ■①製造業のスマート化を起点とした産業の進化と多様化、②人材・働き方の高度化、③魅力と活力のある地域社会の形成を目指す
関西 経済連合会	**「関西広域連合」** （2010年12月設立） ※地方自治法に基づく「広域連合制度」を活用	■防災、観光・文化・スポーツ振興、産業振興、医療、環境保全、資格試験・免許等、職員研修の7分野の広域事務を実施
中国 経済連合会	**「中国経済連合会ビジョン」**（2016年6月公表）	■2030年頃に向けた中期ビジョン ■目指す将来像として「活力に溢れ豊かさが実感できる中国地方」を掲げ、地域の自立と連携による広域経済圏の確立を目指す
四国 経済連合会	**「四国が目指す将来像」** （2022年4月公表）	■「大きすぎず小さすぎない適度なサイズ感の『サステナブルな島』」を目指す ■産業振興、観光振興、DX推進、人口減少対策を中心に四国の自治体や大学、他の経済団体など幅広い主体と連携
九州 経済連合会	**「九州将来ビジョン2030」** （2021年5月公表）	■2030年に向けた中期ビジョン ■「新たな時代の成長エンジン」「心の豊かさを成長につなぐ幸せコミュニティ」「自立型広域連携アイランド」を軸とした持続可能な地域を目指す

図表3-Ⅲ-4　各地経済団体の独自ビジョン

注：経団連事務局において、各地経済団体へ、広域経済圏の形成に向けた各地域の特色ある取り組み内容についてヒアリングを実施した内容をもとに整理

出所：経団連事務局において、各地経済団体へ、広域経済圏の形成に向けた各地域の特色ある取り組み内容についてヒアリングを実施した内容をもとに整理

かせない。例えば、各道州圏域の中で、中心都市機能を果たすことが期待される中枢中核都市（政令指定都市等）について、道州圏域内の地方自治体間の連携強化を主導し、人材育成・教育の拠点となることを明確に位置付ける等、新たな構想を推進する主体としての機能・権限を強化することが考えられる。すでに取り組みが進んでいる「関西広域連合」は、地方自治法における「広域連合制度」を活用した複数都道府県による唯一の行政主体であるが、道州圏域を形成していくにあたっては、こうした制度も活用するとともに、広域的な調整が困難な事例等の課題を共有していくべきである。

なお、図表3－Ⅲ－4の通り、各地の経済団体は、すでに都道府県の枠組みを越える圏域での独自ビジョンを策定し、経済界が主導してビジョンや構想等の実現に向けた施策を推進している。こうしたビジョンや構想を、国が策定している広域地方計画と連携させることや、各地の経済団体を道州圏域の発展を担う主体の一つとして位置付けることも検討すべきである。

(3) 地方自治体単位の見直し

1999年から2010年にかけて行われた、いわゆる平成の大合併に伴い、わが国の基礎自治体は、3232から1727にまで減少し、2025年2月現在では1718となっている。市町村合併の目的は各地方自治体によって様々であるが、地方分権の受け皿としての行政体制整備や少子高齢化・人口減少社会への備え、広域的な行政需要への対応、効率的な行政運営といった目的の下で進んできた背景がある。

こうした合併の目的の多くは、地域経済社会を取り巻く現状や本節で述べてきた目指すべき姿と方向を一にするものであり、新たな道州圏域構想を進めていくなかでは、現行の地方自治体単位の見直しの検討も選択肢とすべきである。

とりわけ、これまでの市町村合併は、行財政基盤が機能しなくなる可能性が高い地方自治体が主な議論の対象となってきた。他方で、近年、人口が減少している地域や人口規模の小さな島嶼部《とうしょぶ》等においても、地域資源等を活かした独自の地域経営を行い、一人当たり付加価値額が増加している等、地域全体の成長や魅力が向上している地方自治体も存在している。したがって、都道府県・市町村合併等を通じた地方自治体単位の見直しについては、単に人口規模のみで合併の是非を議論するのではなく、各地方自治体の創意工夫を踏まえつつ、真に道州圏域内での経済成長や地域資源（ヒト・モノ・カネ・情報等）の集中、企業を含む地域住民の利便性の向上の観点で検討すべきである。

(4) 圏域規模ごとの取り組み

地域資源を最大限活用し、一定の規模で切磋琢磨していく観点からは、道州圏域の規模は概

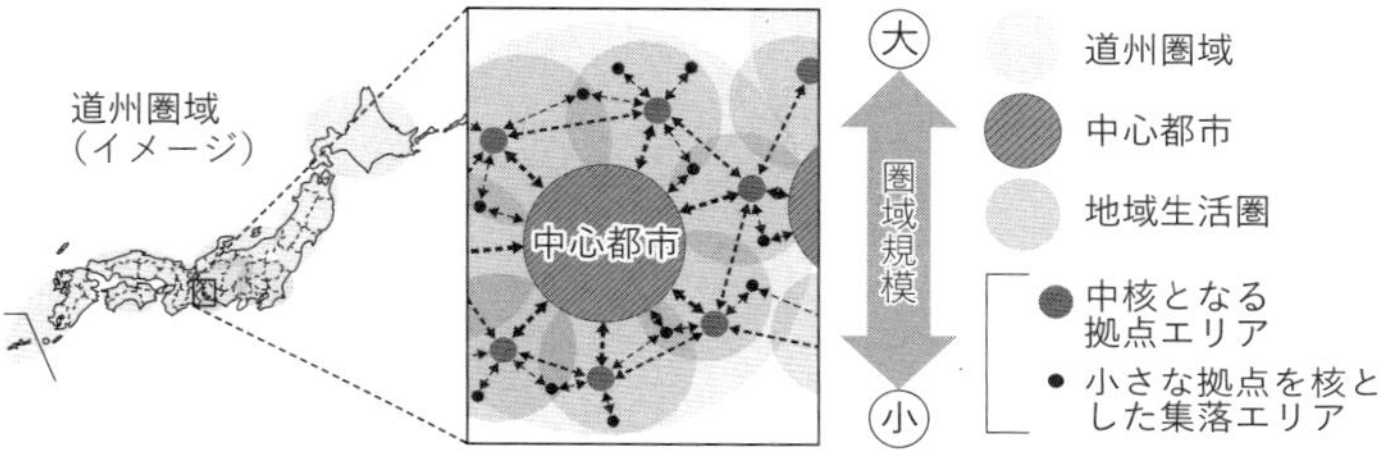

図表3-Ⅲ-5　重層的な広域連携による地域経済社会のイメージ
注：本地図ならびに圏域は日本の領土を網羅的に記したものではない
出所：経団連事務局作成

ね500万人程度以上の人口規模を想定することが考えられる。そのうえで、道州圏域内では、図表3－Ⅲ－5のイメージのように、一つの道州圏域において、ハブとなる中心都市の役割を果たす圏域があり、その周辺に一定規模の生活圏が存在し、これらの圏域が行政区域にとらわれず重層的に広域的な連携を推進していくことが肝要である。こうした全体最適での圏域を形成していくことで、道州圏域内の地域資源が最大限活用され、地域課題に即して必要な行政サービスの提供や産学官連携による地域独自の施策を展開していくことが可能となり、地域の魅力が向上する。こうした地域経済社会の姿を実現させていくためには、圏域レベルごとに次の役割が期待される。

第一に、道州圏域レベルにおいては、先述した道州圏域の施策をリードする主体（中枢中核都市や各地経済団体等）に加え、「道州圏域庁」（仮称）として地方支分部局を束ねる国の機関を設置し、それらが中心となり、独自ビジョンを策定・

実行していくことが求められる。

第二に、道州圏域内における中心都市の役割を果たす圏域レベルにおいては、道州圏域ごとの独自ビジョンに基づき、中心都市を核として広域的な交通網や高等教育・研究、高度医療の拠点整備、産業クラスターの集積等を図ることで、道州圏域内の地域資源を最大限活用したエコシステムの形成を推進する。

第三に、ハブとなる中心都市の周辺に形成される圏域レベルにおいては、中心都市と連携したリスク分散型でレジリエント（強靭）な圏域を形成していくことが求められる。これらの圏域レベルとしては、国土形成計画で提唱されている「地域生活圏」が参考となる。これは、従来は30万人規模を一つの生活圏人口として想定されていたが、デジタル技術の徹底活用等を通じて、共同配送やオンライン診療、インフラメンテナンスの包括受託・共同管理等を行うことで、10万人程度の生活圏人口を目安として一定規模の生活圏を構築することが可能となる。地域生活圏では、道州圏域における独自ビジョンとも連携しつつ、広域での立地適正化計画の策定によるコンパクトシティの形成を進め、中心都市や周辺の地域生活圏同士、圏域内での連携やハブ機能の強化を行っていく必要がある。

さらに、こうした重層的な広域連携を産学官連携の下で形成していくためには、現行の規制・制度改革等の推進も不可欠となる。新たな道州圏域構想の推進に向け、多様な主体が柔軟な地域経営を行いやすい制度改革を行うほか、地域発のイノベーション創出、デジタル技術を徹底活用した行政・民間サービスの提供に資する大胆な規制・制度改革や国家戦略特区制度の活用を行うことが考えられる。[6]

これらの取り組みを段階的に推進し、各地域が特色を活かした地域経営を行うことで、国民一人ひとりが、どの地域においても多様な選択肢を持ち、誇りを持って主体的に個性や能力を発揮し、十分な経済的、時間的豊かさを享受することで、ウェルビーイングをかなえられる国民生活を実現していく。また、新たな道州圏域構想により、より広い圏域での広域連携が進んでいけば、国・地方のあり方についての議論が喚起され、将来的な「道州制」の導入の機運醸成にもつながることが期待される。

2 デジタル技術の徹底活用

本章の施策1で示した地域生活圏をはじめ、あらゆる圏域における地域課題の解決の鍵を握るのがデジタル技術の徹底活用である。デジタル技術の社会実装は、人口減少下の地域社会において、単に行政サービス等の効率化に資するだけでなく、地域における新たな価値の創出につながっていく。ここでは、各地域で官民を挙げてデジタル技術を徹底活用していくための具体的施策について示す。

まず、行政DXによって公共サービスの効率化を図ることは、国民生活の質の向上に資するだけではなく、わが国の産業競争力の強化にも直結するものである。政府が進めるデジタル行財政改革によって各分野や横断的課題について改革を徹底的に進め、行政手続のデジタル完結を確実に実現していく必要がある。とくに、国・地方等の行政システムの統一・標準化を徹底し、デジタル共通基盤を早期に整備していくべきである。その際、地方自治体の現場の負担軽減を図るべく、国が共通して提供できるサービスと地方自治体が個別で対応すべきサービスの役割分担の再整理を進めていくことが欠かせない。

次に、AIやロボットなどのデジタル技術の社会実装によって、各分野におけるDXを推進していく必要がある。これにより、生産性の向上や人手不足への対応はもとより、農林水産や観光、エネルギーといった各地域の地域資源の最大限の活用、医療・介護、教育サービスの質の向上、防災・減災に向けた取り組みのさらなる充実、スタートアップや中小企業が活躍できる地域のエコシステムの構築が期待できる。

また、デジタル技術を徹底活用したインフラ整備も欠かせない。政府は、「デジタルライフライン全国総合整備計画」によるハード（通信インフラ）、ソフト（データ連携基盤・3D地図）、ルール（公益デジタルプラットフォーム運営事業者認定制度）の整備を進め、ドローン航路、自動運転サービス支援道、インフラ管理DX等を進めている。こうした取り組みを迅速に各地域に展開し、継続、拡大していくことが重要である。あわせて、最先端テクノロジーを活用したスマートシティの社会実装を進めていくべきである。その際のデータ連携基盤となる都市OS[7]については、新たな道州圏域構想における圏域規模を見据え、将来的には都道府県を越える範囲での整備も期待される。

さらに、テレワークやワーケーションなど柔軟な勤務形態の導入が進み、副業・兼業への関心が高まっていくことは、都市部と地域間の関係・交流人口の拡大につながる。こうした制度を活用し、地方部への人の流れを促すためには、国において、二地域・多地域居住の促進に向けた制度整備を行うとともに、受入れ側となる地方自治体では、交通や通信等の事業・生活環境の整備等を進めていくべきである。

また、地域の特性を活かしたまちづくりを行うためには、人口・産業構造の変化やインフラ施設の老朽化の状況等を客観的に分析し、エビデンスに基づいた議論を行うことが不可欠であり、すでに政府は基礎自治体に対して、「地域の未来予測」[8]の作成を促している。国や都道府県においては、「地域の未来予測」に活用される地方自治体の地域データ等の標準化を行い、各地域でのまちづくりの議論の一助としていくべきである。

最後に、これらの具体施策を進めていくためには、デジタル人材をはじめとした地域での人材確保・育成が鍵となる。地域における専門人材の確保・育成が困難な場合は、広域的な人材活用の取り組みを進めることに加えて、リスキリングも含めたリカレント教育の促進や、地域外の人材の受入れ施策としてのマッチング機能を充実させていく必要がある。また、こうした取り組みを促すための円滑な労働移動の推進・定着や多様な人材の活躍推進等については、第3章－Ⅵで詳述する。

3 地域資源を活かした産業の育成

少子高齢化・人口減少により、地域の競争力が低下すれば、税収減等による行政サービスや地域コミュニティの機能の低下、それに伴う関連サービスと雇用の減少等を通じて、当該圏域における生活の利便性と経済社会の活力が低下し、さらなる人口減少を招く悪循環に陥っていく。

こうした状況を回避するためには、道州圏域レベルで地域資源を最大限活かした産業を育成することで、地域への投資拡大・雇用創出を行い、競争力の強化を図っていくことが肝要である。したがって、道州圏域ごとの独自ビジョンの策定にあたっては、産学官連携により、圏域ごとに地域資源を活かした産業を特定し、地域振興の担い手となる人材育成や教育を振興していく観点が不可欠である。

また、地域資源を活かした産業の強化は、グローバル市場を視野に入れた投資拡大・需要創出にもつながり、道州圏域同士での切磋琢磨を一層促すことで、日本経済全体の持続的な成長につながっていく。本施策では、地域資源としての潜在力を有する分野として「農業」「観光」「エネルギー」について、それぞれ目指すべき方向性を示す。あわせて、産学官連携の下、地域の中核大学等が果たす役割を示す。

⑴ 農業

農業は地域の基幹的な産業として重要な役割を果たしてきたが、就農者の減少が加速化するなかで、活力の低下が確実視されている。一方で、食料安全保障や環境との調和等の課題に対応する必要が高まっており、中長期的観点から、食料の安定供給と国内生産の強化を図るべく、戦略的に施策を展開する必要がある。その際には、それぞれの地域の持つ特色を最大限に活かし、持続可能な農業を実現していかなければならない。

ここで、生産性向上に向けては、農地や担い手をはじめとする生産基盤の確保と強化が必要である。とりわけ農地については、点在する農地の集積・集約による大規模化とともに、農業生産基盤を一層強化するため、公開会社である株式会社による農地所有を可能としていくことも重要である。

加えて、先端技術の積極的な活用も不可欠である。ＩＣＴ（情報通信技術）を用いた遠隔作業による省力化の実現や、高品質かつ収量増が見込めるような品種の開発等が期待される。また、農産物だけでなく、農業資材や飼料、肥料も輸入に多くを依存するなか、これらについても技術によって代替可能な肥飼料等の開発を進める必要がある。

さらに、生産から加工・流通・小売・消費・輸出に至るフードバリューチェーンを通じて、農業と食料が一体的に付加価値を向上させることも重要である。中長期的には、各段階におけるデータの連携、利活用によって、食料の需給・価格動向をリアルタイムに反映した最適な生産と供給を実現することが期待される。

⑵観光

わが国においては、各地域が多様な自然環境のもと、それぞれ独自の文化を育んでおり、ソフト、ハードの両面で魅力ある観光資源を有している。これらの各地の豊かな観光資源の発掘、洗練に取り組むとともに、道州圏域などの従来の自治体を越える広域での連携を進め、観光地域経営の推進をはじめ、ＤＸの推進をはじめとする観光産業の生産性向上、人材育成など持続可能な観光のための環境整備、新たな観光資源の開発等によって訴求力を強化していくことが必要である。さらに、様々なレベルでの切磋琢磨や地域、圏域を越えた連携[9]をつうじて、日本全体の観光力の向上にも資することが期待される。

また、観光は、地域での連携を生み出し、経済の活性化につながるとともに、関係人口の創出という点でも重要である。関係人口とは、観光客などの交流人口でも、移住者などの定住人口でもなく、地域と多様な関わりを持つ人々であり、観光をきっかけに、知見や経験などを活かして地域課題の解決や、外部の視点で新たな魅力の発見等で地域の経済・社会の活性化に資することが期待される。こうした関係人口の拡大は、多様な主体の参画によって地域資源を最大限活かし、域内の発展を図る「内発型の地域づくり」においても重要であり、長期的には定住人口にもつながることが期待される。

(3) エネルギー

わが国は天然資源に乏しい島国であり、エネルギー供給上の劣位が大きい。こうした制約を踏まえれば、第3章－Ⅱの施策2において詳述した通り、多様なエネルギー源のベストミックスの追求が不可欠である。

太陽光や風力、地熱、水力、バイオマスといった再生可能エネルギーや原子力といった脱炭素電源、低炭素火力といった電源は、農業や観光と同様に、各地域における重要な資源である。

それらの活用を進めるうえでは、電力ネットワークの次世代化に向けて、地域間連系線および地域基幹系統の強化が不可欠であり、広域系統長期方針（広域連携系統のマスタープラン）に基づき、負担の公平性に配慮しつつ、計画的・戦略的に系統整備を進めることが重要である。並行して、分散型エネルギーシステムの構築に資する地域内の系統を高度化する必要があり、ディマンド・リスポンスを含む小規模分散型リソースも活用しつつ、自家消費・地産地消を進めることが求められる。これは系統整備コストの抑制とレジリエンス強化の双方に資するものである。

各地域における脱炭素電源等のエネルギー源活用は、半導体やデータセンターといった大規模な需要設備の立地に向けた当該地域の優位性を高めることとなる。産業振興の観点と、電力ネットワークの状況を勘案し、脱炭素電源が立地する適地への需要設備の立地促進を進めるべきである。

⑷ 人材育成／教育振興

資源を持たない島国である日本においては、人材こそが最大の資源となる。とくに、地域の産業政策と教育政策を連動させる視点は地域資源を活かした産業の育成に欠かせない。地域産業の生産性向上や雇用創出を牽引し、地域の多様なステークホルダーとの連携を通じて、研究力を活かして地域課題の解決をリードする地域の中核大学等には、新たな道州圏域構想を踏まえた広域連携の視点も踏まえつつ、知の拠点として、地域固有の資源や強みを活かして地域課題の解決に貢献するなど、地域振興の担い手を送り出すことも期待される。こうした考え方を踏まえた具体的な施策については、第3章－Ⅴで詳述する。

4 立地適正化とインフラ整備・防災ＤＸの推進

昨今、気候変動の影響により各地の自然環境は激変しており、日本の気候も「亜熱帯化」が進んでいると言わざるを得ない。特に、台風や局地的集中豪雨等による水害が頻発化・激甚化しており、２０４０年に向け、さらに深刻な被害が高頻度・広域で発生することが憂慮される。加えて、大規模地震が頻発しており、首都直下地震や南海トラフ地震など、広域に及ぶ地震災害の発生も強く危惧されている。[10] こうした自然災害の脅威やリスクにさらされるわが国において、レジリエントな社会システムの構築は、経済活動と国民生活を両立するために不可欠である。

社会基盤を強化し、災害の被害を最小限にとどめるためには、非常時における事業活動の継続や経済回復のみならず、平時から、将来の災害に備えた「防災まちづくり」等、事前防災の取り組みを推進する必要がある。特に、能登半島における2024年1月の地震、同年9月の豪雨に際し、地域や集落の孤立状態が続いたこと等を踏まえると、防災上安全な地域への集住やインフラの集積によるコンパクトシティの形成が急がれる。これにより、災害のリスクの低い地域で、近隣同士が助け合いながら、インフラを効率的・集中的に利用することができ、スマートでエコな、持続可能なまちをつくることもできる。

また、2023年7月に閣議決定された「国土強靭化基本計画」において「デジタル等新技術の活用による国土強靭化施策の高度化」が基本的な方針として新設されるなど、大規模災害に対処するためのデジタル技術の革新が進められている。先進技術を積極的に活用し、高度な災害予測や復旧・復興に資するDXを推進するとともに、防災DXをはじめとするデジタル技術を地域全体で活用するスマートシティの構築も必要である。

これらの課題認識のもと、本施策では、わが国全体、または各地域で国土強靭化を進めていくため、防災・減災対策に資する立地適正化とインフラ整備による事前復興および防災DXの推進について、それぞれ目指すべき方向性を示す。

(1) 立地適正化とインフラ整備による事前復興

近年、災害リスクに鑑みた立地適正化に関して様々な取り組みがなされている一方で、依然として災害リスクの高い地域に多くの住居が所在している。地域や地元に愛着を持つ住民には十分配慮しつつ、リスクに応じた居住誘導区域の設定や、ハザードマップ等を活用した丁寧な説明による安全な土地への居住誘導、リスクの高い地域における立地規制や建築規制による災害リスクの回避等の対策を講じることが肝要である。

また、人口減少社会を見据え、社会的包摂の観点からも、災害リスクが低い地域でコンパクトシティを形成し、活力ある地域を多極的に構築すべきである。学校や図書館等の公共インフラを拠点に集約することによって、地域の住民が集まり、それがきっかけとなりさらに人が集まる好循環を生み出すことが可能となる。例えば、岩手県紫波町《しわちょう》の「オガールプロジェクト」は、公共施設や住民ニーズが高い施設を集約した魅力的なまちづくりを行っており、コンパクトシティのモデルケースとなっている。移転を希望しない住民に対する配慮は必要だが、そうした住民には、移動図書館や訪問診療のようなデリバリー、遠隔教育のようなバーチャル化した公共サービスを利用するよう促すことにより、行政コストの上昇を抑えつつ、相対的に少ないインフラで豊かなサービスを提供することが可能である。

加えて、国土交通省が進める「防災集団移転促進事業（防集事業）」[11]をさらに促進すべきである。防集が進まない理由としては、移転に伴う経済的負担が大きいことや、高齢者にとっては災害リスクの回避が移転のインセンティブとなりづらいこと等が挙げられる。準備が整った住民から段階的に移転できるようにする、１戸当たりの支援の限度額を引き上げる等、さらなる制度の拡充、要件緩和が必要である。

なお、災害対策に向けて、必要なインフラの整備を確実に行うべきである。道路・鉄道ネットワークの複線化、電力・通信インフラの整備はもとより、深刻の度合いを増す水害への対策として、豪雨等により増水した水を貯留して浸水被害を防ぐ調節池をはじめとする雨水貯留施設の整備を進め、居住地域の安全を確保すべきである。[12] また、交通の拠点である港湾・空港についても、被災時の機能停止等による影響を最小限に抑えられるよう、護岸・防潮壁の嵩上《かさあ》げ等の浸水対策に取り組むべきである。

前記のような立地適正化やインフラ整備の推進を含め、被災地の復旧・復興や、平時からのレジリエントな経済社会の構築に向けては、政府の司令塔機能を強化すべきである。現在、防災・災害復興および危機管理に関しては、関係省庁ごとに権限や役割が分かれているが、[13] 将来的には、災害や危機に一元的かつ迅速に対処できる体制を構築する必要がある。そのためには、関係省庁の役割や権限を整理・再編し、あらゆる災害や危機、つまりオールハザードに対応する「防災・危機管理省（仮称）」を設立することも検討すべきである。

⑵ 防災ＤＸの推進

人口減少下においては、先進技術を積極的に活用し、防災分野のＤＸを推進することが不可欠である。災害予測・予防、災害応急対策、災害復旧・復興のいずれの段階にあっても、官民の有するデジタル技術を各地域で徹底活用し、国土強靭化を図るべきである。

災害予測・予防の段階においては、まずトンネルや橋梁などのインフラ老朽化が懸念される。従来、インフラの点検作業は、専門技術者の目視確認等により行われ、膨大な時間を要するとともに、転落等の危険を伴うものであった。昨今では、ロボット、ドローン、センサー、ＡＩ、三次元情報等のデジタル技術を活用し、前記の課題を解消するインフラメンテナンスが可能となっている。将来、専門技術者などの人材不足が生じても確実な対応ができるように、これらの先進技術の採用や普及を一層推進するべきである。また、デジタルツイン[14]を用いた各種災害のシミュレーションを実施し、観測データを現実世界へ「フィードフォワード[15]」することや、センシング（または実測）とＡＩによる予兆分析を行うことも重要である。なお、デジタルツインやＡＩによる予兆分析等の先進技術を理解できる人材を、産学官が連携して育成することも必要である。

災害応急対策では、組織を跨いだ情報連携基盤の活用を推進することが求められる。災害時には様々な情報が錯綜するため、開発が進んでいるＳＩＰ４Ｄ[16]を活用した情報連携を一層推進すべきである。あわせて、水防インフラや道路の管理者の意思決定サポートに資するリアルタ

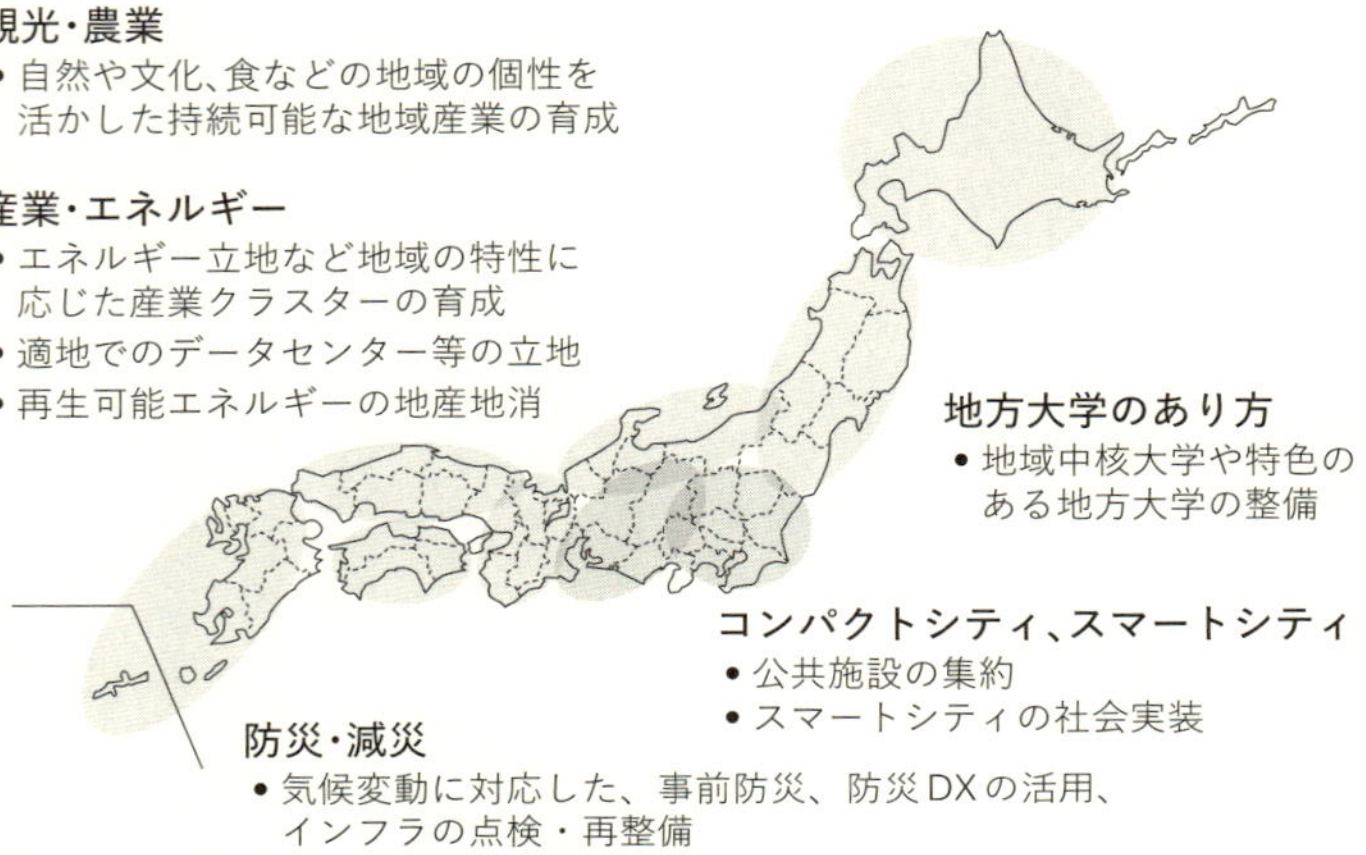
観光・農業
• 自然や文化、食などの地域の個性を活かした持続可能な地域産業の育成
産業・エネルギー
• エネルギー立地など地域の特性に応じた産業クラスターの育成
• 適地でのデータセンター等の立地
• 再生可能エネルギーの地産地消
地方大学のあり方
• 地域中核大学や特色のある地方大学の整備
コンパクトシティ、スマートシティ
• 公共施設の集約
• スマートシティの社会実装
防災・減災
• 気候変動に対応した、事前防災、防災DXの活用、インフラの点検・再整備

図表3-Ⅲ-6　道州圏域での取り組みが期待される分野
注：本地図ならびに圏域は日本の領土を網羅的に記したものではない

イム予測機能と、それに資するＩｏＴや広域をカバーするＩｏＴ間通信等のデジタル技術基盤の整備も促進すべきである。

災害復旧・復興時には、５Ｇ技術等を活用して建設機械を遠隔操作する無人化施工が可能となる制度の早期実装が求められる。現状、労働安全衛生法等で無人の施工は想定されておらず、安全基準が整備されていないため、制度整備によって一刻も早く無人化施工を可能にすべきである。

２０４０年に向け、以上のような防災ＤＸに関わる技術が確実に実装されるよう、官民を挙げて取り組むべきである。

5　道州圏域による取り組みの推進

人口減少下においても、地域経済社会が多極分散型で自律的・持続的に発展していくためには、本章の施策1で述べた通り、都道府県より広域のブロックとして、「道州圏域」を一つの仮想単位として位置付け、バーチャルな道州圏域ごとに大胆な独自施策を実行可能とする仕組みを柔軟に推進することで、広域連携を推し進めることが重要である。

各道州圏域は、それぞれの独自ビジョンを策定するなかで、観光・農業といった地域産業の育成にとどまらず、エネルギーも含めた地域の特性に応じた産業立地、コンパクトシティ・スマートシティ、地方大学、防災・減災のあり方など、本節で挙げた課題・施策全般についても検討することが期待される（図表3－Ⅲ－6）。このように、それぞれの道州圏域が地域の特性に応じた分野で多様な取り組みを展開することにより、互いが切磋琢磨し合う社会を目指すべきである。

1　広域連携制度は、「連携協約（例：連携中枢都市圏）」や「事務の代替執行（例：上水道に関する事務）」「広域連合（例：後期高齢者医療）」等、様々な制度が存在しており、各自治体において、有限な地域資源の有効かつ効率的な活用が可能となっている。一方で、対象となる事業や予算が限定されていることや、地方自治体間の調整に係る事務負担の増加、意思決定のスピードの鈍化、参加自治体の合意が取りやすい事業分野・内容のみを行う連携が多く、行政全体としてみた場合には、必ずしも効率的に機能していないといった点も指摘されている。

2　内発型の地域づくりは、経団連において「各地域において、地元の企業や大学等、多様なステークホルダーが主体的に地域課題の解決や地元の魅力向上に取り組むこと」と定義している。

3　政府において道州制の議論が盛んであった２０１０年代半ば頃と比べると、直近では、地方自治体におけるデジタル技術の活用は飛躍的に進んでおり、例えば、隣接していない地方自治体間でドローンによる物流コスト削減の取り組みを行うといった事例もみられている。こうしたことからも本構想における区割りは設けず、柔軟な形で進めていくことが肝要である。

4　現在、広域地方計画区域は東北圏、首都圏、北陸圏、中部圏、近畿圏、中国圏、四国圏、九州圏の8圏域（北海道は北海道総合開発計画、沖縄は沖縄振興基本方針・沖縄振興計画を有する）と定められている。

5　なお、地方支分部局の権限を強化し、新たな国の機関を設置することは、国の各地域への関与が大きくなるとの懸念が生じる。他方、現行では、国の「地方創生」の取り組みに基づき、各地方自治体が、その要件等に基づく一様の取り組みを展開していることを踏まえれば、道州圏域ごとの地域課題やニーズに応じた政策を柔軟に検討できる体制を構築していくことが望ましい。

6　一例として、２０１４年4月～15年6月にかけて開催された経済産業省「日本の『稼ぐ力』創出研究会」では、新たな法人制度として、地域に必要な営利・非営利の事業を十分なガバナンスの下で総合的に担う「ローカル・マネジメント法人」の新設の検討を提言している。また、２０２３年7月に閣議決定された「第三次国土形成計画（全国計画）」においても、地域の資源を最大限活用しながら地域の稼ぐ力を向上し、地域内の経済循環を構築することにより持続可能なサービスを提供する主体をどのように形成していくかが重要な課題となるなか、日本版のいわゆる「ローカルマネジメント法人」といった推進主体の創出につなげていく必要性を指摘している。

7　スマートシティを実装しようとする地域が共通的に活用する機能が集約され、スマートシティで導入する様々な分野のサービスの導入を容易にすることを実現するITシステムの総称。

8 それぞれの地域における行政需要や経営資源に関する長期的な変化・課題の見通しの客観的なデータを整理し、人口や人口構造の変化およびインフラ施設の老朽化等に関する将来推計等の作成を要件とし、作成にかかる経費を特別交付税で措置している。

9 例えば、既存の広域の取り組みとしては、東北6県に新潟県と仙台市等を加えた「東北観光推進機構」や、九州・山口の経済界と各県が中心となって企画された「ツール・ド・九州」等が挙げられる。

10 地震調査研究推進本部地震調査委員会では、首都直下地震で想定されるマグニチュード7程度の地震の30年以内の発生確率を70％程度、南海トラフ地震で想定されるマグニチュード8～9クラスの地震の30年以内の発生確率を70～80％（いずれも2020年1月24日時点）と予測している。

11 防災集団移転促進事業：災害が発生した地域又は災害危険区域のうち、住民の居住に適当でないと認められる区域内にある住居の集団的移転を促進するための事業。当該地方公共団体に対し、国が事業費の一部補助を行い、円滑な推進を図る。2024年度予算にて、補助対象経費の限度額が引き上げられた。

12 東京都では、「神田川・環状七号線地下調節池」をはじめ12河川で27か所の調節池を整備。

13 石破政権では、一元的に災害時の対応にあたる司令塔として、2026年度中に防災庁を創設すべく、準備が進められている。

14 現実にある建築物やまち、自然の地形などをデジタル上で〝ツイン（双子）〟のように再現する技術。

15 過去を振り返り改善するフィードバックに対し、未来を予測し、先手を打つ考え方。

16 国立研究開発法人防災科学技術研究所（防災科研）と日立製作所が、「戦略的イノベーション創造プログラム：SIP」の一環として、2014年より共同で研究開発を進めてきた基盤的防災情報流通ネットワーク。災害対応に必要とされる情報を多様な情報源から収集（府省庁の気象情報、自治体の道路情報や避難所情報、研究機関の建物被害推定情報や津波被害推定情報等）し、すぐ利用できる形式に加工・変換して迅速に配信する機能を備えている。

第 3 章 ―Ⅳ

イノベーションを通じた新たな価値創造

Society 5.0+

目指すべき姿

■２０３０年までに、デジタル革新と多様な人々の想像力・創造力の融合によって、社会課題を解決し、価値を創造する社会＝Society 5.0が実現している

■２０４０年には、デジタル、バイオ、宇宙等の様々な先端技術の社会実装と利活用により、イノベーションの成果がさらなる研究開発投資・設備投資を呼び込む「イノベーション循環」が生み出され、経済成長と社会課題解決が持続的に実現している社会＝Society 5.0+（アップデートされたSociety 5.0）が実現している

政府の役割

■産業構造の転換を見据えた長期的な産業戦略の策定、同戦略に基づく積極的な施策の展開（投資の拡大、スタートアップ振興、規制の見直し、国際的なルール形成等）

企業の役割

■イノベーションの鍵を握るキーテクノロジーおよび関連人材の育成・確保に向けた継続的な投資の実行

■ディープテック（科学的な発見や革新的な技術に基づいて、世界規模の課題解決を図る取り組み）分野におけるイノベーションの社会実装や新産業創出の牽引（大企業のみならずスタートアップも主たる担い手）

■２０３０年以降の「ポストＳＤＧｓ」の策定への、戦略的かつ積極的な関与（Society 5.0+ for Post SDGs〔仮称〕）

経団連は、目指すべき未来の社会像である「Society 5.0」の実現に向け取り組んできた。Society 5.0 は、狩猟社会（Society 1.0）、農耕社会（Society 2.0）、工業社会（Society 3.0）、情報社会（Society 4.0）に続く、五つ目の新しい社会の姿であり、第5期科学技術基本計画で提唱された概念である。経団連では「デジタル革新（ＤＸ）と多様な人々の想像力・創造力の融合によって価値創造と課題解決を図り、自ら創造していく社会」と定義している。

経団連は、この Society 5.0 の実現を通じて、国連のＳＤＧｓ（持続可能な開発目標）の達成に貢献するため、積極的に活動を展開している（Society 5.0 for SDGs）。ＳＤＧｓは、２０３０年までに達成すべき17のゴールと１６９のターゲットを掲げたものであることから、Society 5.0 もまた、２０３０年までに着実に実現すべく、取り組みを深化させていく必要がある。

そのうえで、２０３０年以降に向けては、この Society 5.0 をさらに進化・発展させることで、新たな価値を生み出していくことが求められる。そこで経団連は、Society 5.0 をアップデートした「Society 5.0+」という未来社会像を、ここに提唱する。

ＦＤ２０４０が目指す国家像である「科学技術立国」と「貿易・投資立国」の実現には、引き続きデジタル革新が重要だが、それだけでは十分ではない。さらなる価値創造と社会課題の解決を図っていくためには、デジタル革新に、わが国が有する「強み」を掛け合わせていくことが必要不可欠である。具体的には、「サイエンス・エンジニアリング力」と「知的資源」の掛け合わせが鍵を握る。

サイエンス・エンジニアリング力とは、わが国が長年にわたって蓄積してきた幅広い科学技術分野における基礎研究や応用研究を指し、それをもとに新たな価値を生み出し、社会課題を解決する力である。一方、知的資源とは、日本の歴史や豊かな文化に裏打ちされたユニークなコンテンツを含む広範な資源を意味する。これらの強みを最大限に活かし、ＡＩ、デジタル、バイオ、宇宙といった先端分野との融合を進めることで、新たなイノベーションが生まれる。

こうして生まれた新たなイノベーションが、さらなる研究開発投資・設備投資を呼び込む「イノベーション循環」を生成し、経済成長と社会課題解決の持続的な推進力となる。これこそが、２０４０年までに実現すべき社会の姿、Society 5.0+ である。

さらに、２０３０年以降の持続可能な社会の実現に向けた「ポストＳＤＧｓ」の議論にも、日本の官民が積極的・戦略的に参加し、世界をリードしていく必要がある。Society 5.0+ は、ポストＳＤＧｓの時代においても、日本が持続的なイノベーションを生み出すうえで重要となる枠組みであり、これを実現することが、世界における日本のプレゼンスを一層高めることにつながる。

無論、Society 5.0+ の実現は容易ではない。次に述べるいくつかの課題を解決しつつ、基礎研究を含むわが国のイノベーション基盤を強化し、未来を見据えた戦略的投資を行うことで、「イノベーション循環」を加速させていく必要がある。

日本が持つ技術と資源をフル活用し、イノベーションを通じた新たな価値創造を実現できれば、日本は「科学技術立国」および「貿易・投資立国」として、世界からの信頼と尊敬を勝ち取ることができるだろう。

現状認識

1 イノベーション投資のあり方

イノベーションは、その性質上、不確実性を伴うものであり、成功・成果を予見することは難しい。イノベーションの実現には、多様な主体が協力し合い、長期間にわたるリソースの投入とその蓄積が必要となる。特にディープテックと呼ばれる最先端技術の分野は、最終的な成

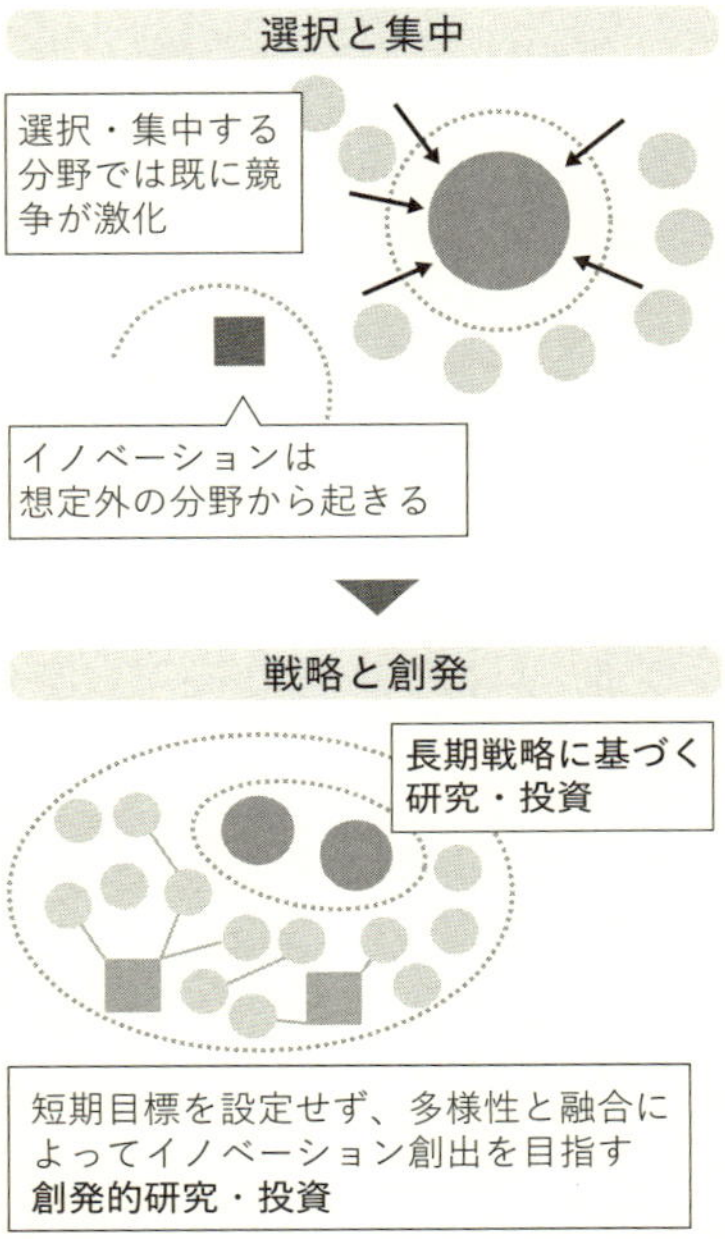

図表3-Ⅳ-1　「選択と集中」から「戦略と創発」へ

果が見通せないなかでも、長期的に大きなリターンを生み出す可能性が高い。

不確かな予測に依拠した「選択と集中」は、既に競争の激化した「レッドオーシャン」へのリソースの偏重を招きやすい。そこで、経団連は、失敗を許容しながらも、イノベーションを創発していく「戦略と創発」の重要性を強調してきた。これは、日本が強みを持つ分野や経済安全保障上重要となる分野に対して重点的な投資を行う（＝戦略）とともに、競争相手の少ない「ブルーオーシャン」の創出を狙って広く種をまく（＝創発）という考え方である。さらに、「創発」から出た芽を次の戦略分野につなげていくことも重要である。

このように、失敗を恐れず、長期的な視野に立った施策を展開し、持続的な成長を支える基盤を築くことが、２０４０年に向け、従来の常識を超えるイノベーションを推進していく鍵となる。

そこで政府には、ディープテックを含む幅広い分野に対して、大胆かつ忍耐強く投資を続ける姿勢を示すことが求められる。これにより、企業が安心して投資を行える環境が整備され、産学連携による長期間にわたる人材育成も可能となる。また、施策の展開にあたっては、広く国民の理解を得ることも必要となる。

なお、前述の「戦略と創発」のうち、「創発」にあたる施策については、主に第3章－Ⅴで論じる。

2　スタートアップ

日本が国際競争力を取り戻し、大きく経済成長を遂げるためには、スタートアップの力が不可欠である。

２０２２年3月に経団連が取りまとめた提言「スタートアップ躍進ビジョン」および同年11月に政府が策定した「スタートアップ育成5か年計画」を機に、日本のスタートアップエコシステムは着実に拡大しつつある。一方で、米国や中国、欧州等のスタートアップエコシステムは、今もなお日本の先を行き、かつ速いスピードで成長を続け、数多くのユニコーン企業（評価額10億ドル以上、創業10年以内、未上場の企業）を生み出している。日本は、今のままでは、２０４０年になってもこれらスタートアップ先進国に追いつくことはできない。

国内資金に加え、海外資金が日本のスタートアップに投資されるようにするには、前提として、海外投資家の目利きに適うような、グローバルで活躍するスタートアップを生み出さなくてはならない。

そのためには、比較的起業のハードルが低く、成長速度の速いＳａａＳ[1]等のソフトウェア系のスタートアップだけでなく、世界共通の社会課題を解決し得るディープテックスタートアップも多く生み出していく必要がある。

後述の通り、日本の研究力強化は一刻の猶予もない状況にある。しかし、日本にも優れた研究が存在することも事実である。課題は、そうした優れた研究・技術と、それらのスタートアップを通じた社会実装（Science to Startup）とをつなぐパスが未整備で、イノベーションと経済成長に結びついていない点である。

3　コンテンツ産業の世界市場と日本の存在感

資源を持たない島国である日本において、人間の創造力と想像力こそが最大の資源である。

人間がゼロ（0）から創造し、豊かな想像力によってその価値を無限大（∞）に広げていくエ

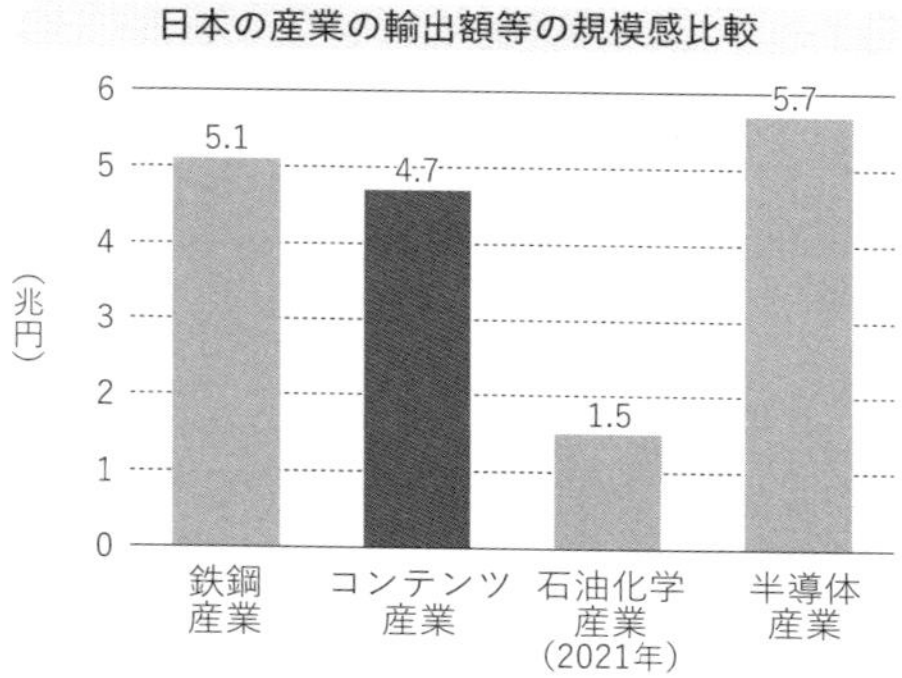

注：2022年のデータ（ただし、石油化学産業のみ2021年のデータ）

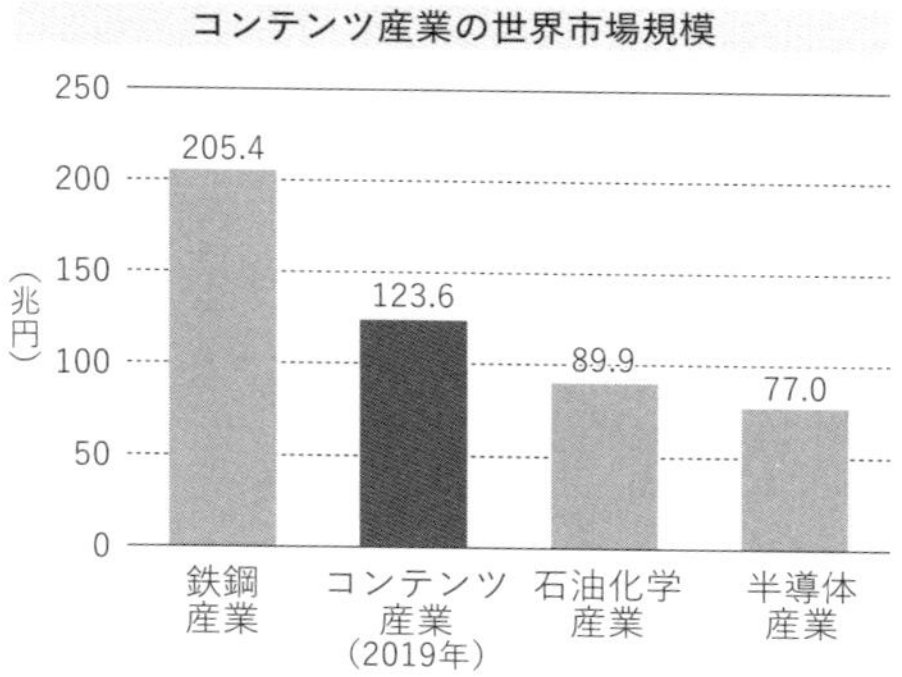

注：2022年のデータ（ただし、コンテンツ産業のみ2019年のデータ）

図表3-Ⅳ-2　コンテンツ産業の世界市場と日本の存在

注：2019年は１ドル＝109.0円、2022は１ドル＝128.4円で算出

出所：内閣官房新しい資本主義実現会議（第26回）「基礎資料」（2024年４月）

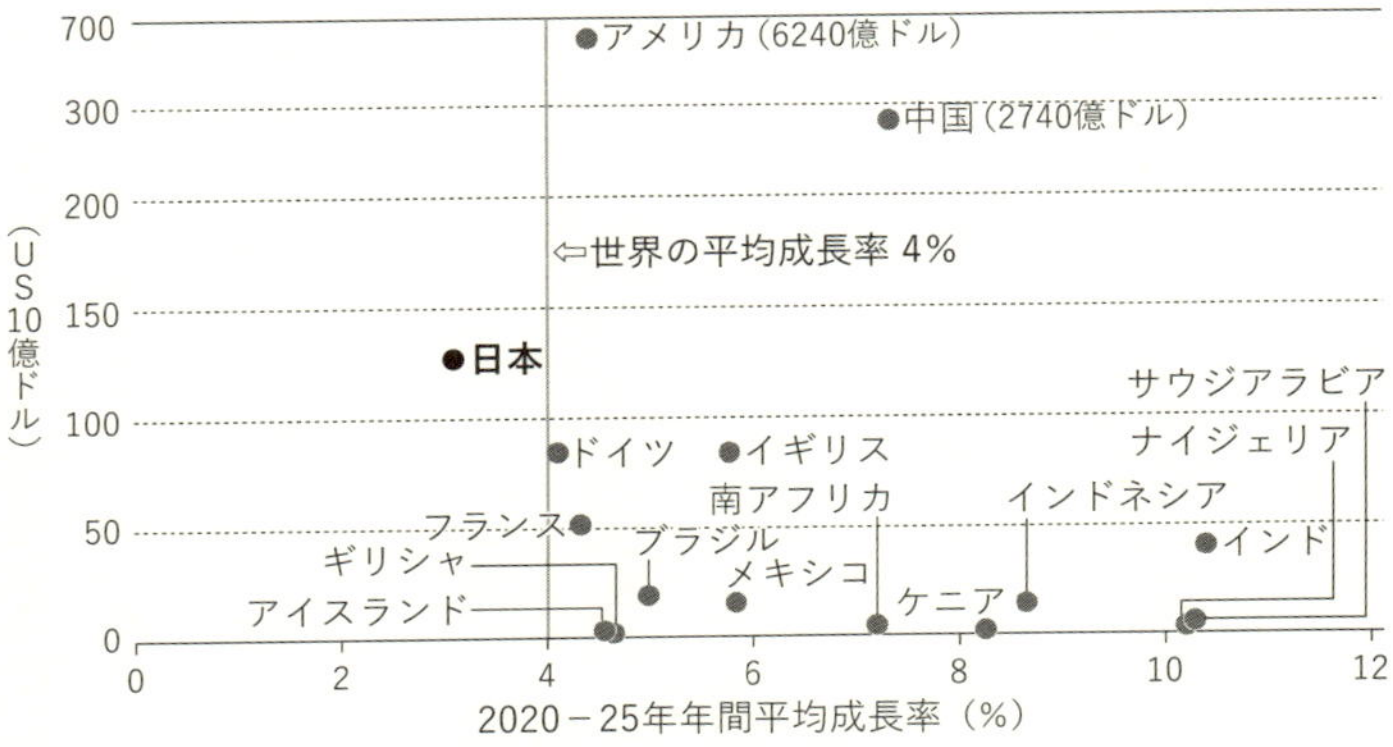

図表3-Ⅳ-3　エンターテインメント＆メディア収入の2020～25年の年平均成長率（予測）

出所：PwC's Global Entertainment & Media Outlook 2021–2025, Omdia

ンターテインメント・コンテンツ（以下コンテンツ）は、Society 5.0+時代の根幹をなす基幹産業となる。日本の産業が競争力を低下させるなかで、コンテンツ分野においては、IP（知的財産）による累積収入ランキングでトップ25の半数近くを日本発コンテンツが占める[2]など、その存在感を高めてきた。

この最も強みを有する分野の一つであるコンテンツでも、日本は今、深刻な危機に直面している。世界のコンテンツ市場が高い成長率を見せる一方で、過去10年間でのわが国の市場成長率は主要なコンテンツ市場を有する国と比較して低位にあり、将来の成長率についても53か国中最低との推計[3]もあるなど、世界シェアは縮小傾向にある。また、各国政府の各種支援等が繰り広げられるなど国際競争が激化するなかで、わが国においては、官民の対応が遅れ、制作現場における人材不足や資金調達の困難等により、基盤となる制作力の強化が疎かになり、今後伸ばすべき海外展開でも課題が山積している。

施策

1 イノベーション循環の加速

課題が複雑に絡み合っているなかでは、産業分野や省庁の所管等の個別の理論で短期的な最適解を求めていては、真の課題解決を図ることは困難であり、全体最適の視点が不可欠である。このと産業政策を考えるに際しても、環境・エネルギー政策をはじめ、地域経済社会、イノベーション、教育・労働、経済外交、あるいはマクロ経済運営・全世代型社会保障までを含めた形で、政府の司令塔の下で全体最適に資する長期的な産業戦略を練り、産学官の役割分担と緊密な連携を図る必要がある。もちろん、あくまで成長の舵取り役は官ではなく、スタートアップをはじめとする民間である。その一方で、若者が未来に希望を持って挑戦し、新たな時代を切り拓くための指針となるよう、国の役割として、産業の長期的な方向性とロードマップを明確化することが重要である。イノベーション循環によって経済成長と社会課題解決が持続的に図られるSociety 5.0+の実現に向けて、政府の司令塔機能を強化するとともに、２０４０年頃をターゲットにした「産業戦略２０４０」を策定すべきである。そのなかで、わが国が国際的な競争力を高め、世界をリードする上で押さえなければならない戦略分野（ＡＩ・デジタル、バイオ、宇宙、コンテンツ等）を定めて、政府が中長期的投資にコミットし、民間投資への支援策を展開し、イノベーション循環を加速することが重要である。

2　産業振興に向けた施策展開

ＡＩ・デジタル、バイオ、宇宙、コンテンツの分野は、急速に進展する技術革新や新たな市場の拡大を背景に、２０４０年に向けた成長ポテンシャルが飛躍的に高まっており、今後、わが国としても競争力を高めていかなければならない重要分野である。

ＡＩをはじめとするデジタル技術は、すでに幅広い産業の生産性向上・付加価値の拡大に寄与しているが、今後、産業全体での生産性を飛躍的に向上させ、労働力不足などの国内外の課題に対応しつつ、新たな価値を創出し、持続可能な社会の実現を支えるインフラとなることが予想される。また、バイオテクノロジーは、医療や環境分野に革命をもたらす可能性を秘めている。宇宙開発は、新たなフロンティアとして無限の可能性が広がっており、新たな産業基盤の構築にも資すると考えられる。コンテンツ産業は、我が国の文化的発信力を世界に広め、ソフトパワーを高める重要な柱であり、さらなるグローバル展開が求められる。

これらの戦略分野は、それぞれが単独で成果を挙げるだけでなく、相互に連携し合うことで、わが国の経済成長や社会的課題の解決に寄与することが期待される。まさに、Society 5.0+を実現し、未来を切り開く大きな一歩となるものである。

(1) AI・デジタル

政府は、AIをはじめとする新たなデジタル技術の社会実装に向けて、民間投資の呼び水となる継続的な投資を行うことによって、企業における投資の予見可能性を確保するとともに、産学による長期的な人材育成等をテコ入れすべきである。

特にAIは、あらゆる産業における生産性向上とイノベーション創出に資する技術である。生成AIをはじめ、近年のAI技術の進歩のスピードは目覚ましく、今後数年内に人工汎用知能（AGI）や人工超知能（ASI）が実現するとの見方もある。[4] こうしたなか、「人間中心のAI」という原則のもと、あらゆる分野でAIのメリットを享受できる「AI-Poweredな社会」を早急に実現することが求められる。

そこで、政府は、AIの開発・実装に必要となる半導体・電子部品（CPU／GPU等）や安定した電力供給といった計算資源、さらに、開発・実装の現場を支える高度人材の確保に向けて、戦略的かつ大胆な投資を行うべきである。同時に、イノベーションとリスク対応を両立するAI制度の構築が欠かせない。とりわけ近年の急速な技術進歩に鑑みれば、変化に柔軟に即応できるアジャイル・ガバナンス（常に周囲の環境変化を踏まえてゴールやシステムをアップデートしていくガバナンスモデル）が必要である。

他方、企業による国境を越えたデータ連携・利活用を促し、新たな価値創造につなげていく観点からは、信頼性のある大量かつ多種多様なデータを連携する仕組みである「産業データスペース」の構築が不可欠となる。わが国では、国際的に信頼に足る産業データスペースの前提となるトラスト基盤（通信相手の本人性やデータの真正性を証明するICTインフラ）が未だ整備されていないため、諸外国のデータスペースとの国際的な相互運用性が確保されていない。

そこで、デジタル庁がリーダーシップを発揮し、省庁横断的な産業データスペースの戦略と工程表を早急に提示し、トラスト基盤の整備に最優先で取り組むことが求められる。そのうえで、産業データスペースの立ち上げの初期段階における予算の抜本的な拡充や、ユーザー企業と一体となった魅力あるユースケース（具体的な社会実装シナリオ）の創出、AZEC（アジア・ゼロエミッション共同体）等を活用した国際展開にも積極的に取り組んでいくことが重要である。

⑵ バイオ

バイオテクノロジーの進化は、環境破壊や資源制約といった社会課題の解決と、持続可能な経済成長を両輪として実現し、社会のあり方そのものを大きく変革するバイオトランスフォーメーション（ＢＸ）をもたらす可能性を秘めている。２０４０年までには、医薬品分野のみならず、農業、食料、素材、エネルギーなど、幅広い様々な産業分野でバイオが活用され、人々の日常生活に浸透している社会が到来するものと期待される。

バイオは、研究から社会実装・普及までに10年単位の期間を要するものも多く、社会課題の解決とともに、長期的な視点で取り組むことが必要である。従って、政府は長期的な視座で解決すべき課題別に、必要な技術や市場の育成を将来からバックキャスト（未来から逆算して目標や計画を立てる）する「課題オリエンテッドな」ロードマップを策定すべきである。

また、経済安全保障の観点からは、半導体同様、バイオが今後重要な分野の一つになることは疑う余地がない。官民挙げた集中投資によるＣＤＭＯ（医薬品開発製造受託機関）等の国内製造基盤の構築・強化、安定・安価な原材料や部素材の確保を通じ、経済安全保障にも適う強靭なサプライチェーンを実現することが肝要である。

バイオをめぐる国際競争は激化しているが、再生医療や医薬品をはじめ、わが国が世界をリードできる分野でもある。バイオコミュニティの構築や、人材の育成・確保、ディープテックスタートアップ育成等を通じて、わが国の研究開発成果を社会実装へとつなぐ経路を強化することが欠かせない。

さらに、それぞれの産業分野に応じた普及化施策も必要である。まず、ホワイトバイオと呼ばれる、遺伝子組み換え微生物等を用い、工業原料やエネルギー源を生産する分野がある。このホワイトバイオは、化石燃料由来の製品に対して高コストであり、普及の足枷となっている。バイオ製品の市場形成に向けて、バイオ製品の一定割合導入義務化の検討や、環境価値を経済価値に換算するクレジット等の手法確立、国際標準化などグローバルなルール形成の推進が必要である。

再生医療等製品をはじめとする健康・医療分野のレッドバイオにおいては、継続的な投与により症状を改善する対症療法が中心であった従来の医薬品とは異なり、根本的な原因にアプローチすることで、症状の大幅な改善がみられることに加えて、単回または数回の治療で長期にわたる効果を示すことが期待される。さらに、患者・介護者双方の負担軽減による生産性損失の抑止や、医療負荷の軽減など、社会全体へ多様な価値をもたらす。健康・医療分野の継続的な投資を呼び込むためには、再生医療等製品が有するこうした多様な価値を適切に評価する価格算定方式を早急に整備することが不可欠である。

バイオテクノロジーが進化する一方、その恩恵やリスクに関する国民理解は未だ乏しい。今日のIoTやAIと同様、バイオが多様な社会課題を解決するための重要なツールの一つであるという共通認識を形成すべく、バイオテクノロジーに対する理解醸成のための情報発信・コミュニケーションを充実させ日本社会全体でバイオを推進していく必要がある。

(3) 宇宙

安全保障をはじめ、経済・社会における宇宙システムの重要性が高まるなか、わが国として、宇宙活動の自律性を維持・強化しつつ、産業としての技術力および世界をリードし得る競争力を有することが欠かせない。

まず、政府においては、わが国の宇宙活動の自律性を支える宇宙産業基盤を強化する活動に取り組むべきである。具体的には、わが国全体で、宇宙利用を拡大し、宇宙産業の裾野《すその》を拡げていくことが、宇宙産業基盤の強化のために必要である。

そのためには、官民合わせて年間50回以上の高頻度のロケット打上げや、輸送能力の増強、安価な打ち上げ価格を可能にする宇宙輸送システムを、法制度の整備とあわせて構築することが求められる。

また、衛星データの利活用によって、新たなイノベーションを創出していくために、スタートアップ企業、地方自治体等を巻き込んで、宇宙関連の各種政策を実施していくことも重要である。

他方、グローバルな観点からは、官民ともに、ロケットや衛星に必須の先端技術を世界に先駆けて開発し、権利化を図る必要がある。また、関連市場の創出のために有用なツールとなる国際標準に関する取り組みをあわせて行うことで、世界シェアの拡大を目指すべきである。

また、現在の国際宇宙ステーション（ＩＳＳ）に代わるポストＩＳＳの地球低軌道活動にわが国の産業界が積極的に関与することも重要である。日本企業が有する技術面での強みを活かして月面輸送サービス等を提供するほか、国際宇宙探査で主要な役割を果たすことが期待される。その際、政府は、宇宙探査を含む国際的なルール形成に参画し、その活動を主導していくことが望まれる。

このように、宇宙産業基盤の強化や宇宙科学・探査に関する取り組みを大きく進めるためには、予算面での裏付けとそれを実施するための体制整備が必要である。政府は、宇宙関係予算の拡充と宇宙開発戦略推進事務局の人員充実を進めるべきである。

(4) コンテンツ

わが国のコンテンツ産業が将来的に目指すべき姿は「世界における日本発コンテンツのプレ

ゼンスを持続的に拡大する」ことである。国内外から優秀なクリエイターが集い、育ち、競い合いながら、その創造力を最大限に発揮することで、日本を世界のコンテンツ発信地とし、日本発のコンテンツが世界中にあふれる未来を目指す。

日本発のコンテンツの海外市場規模について、政府は「2033年までに20兆円規模」との目標値を設定しているが、その先の2040年に向けては、さらに拡大させ世界一のコンテンツ大国になることを目指し、官民で取り組みを加速することが重要である。その際、2040年までには、生成AI等の技術が相当程度発展し、コンテンツの制作・流通・消費のあり方に抜本的な変化が生じることが想定される。それも見据え、AIの進化に対応できるような人材育成・構造改革が必要となる。

そのためにも、まずは長期的な国家戦略に基づく官民連携での取り組み体制の構築が求められる。各種支援施策・予算等の権限を一元的に担う実施機関「コンテンツ省（庁）（仮称）」やそうした司令塔組織のもとで支援事業を実行する専門機関の設置等による体制整備のほか、関連予算の大幅拡充や税制優遇措置等による支援策の強化が不可欠である。

具体的な施策として、最も重要となるのは、クリエイター等の人材育成である。長期的に必要となる人材のスキルや人数を官民で共有したうえで、教育機関の整備（各分野を専門とするアカデミーの設置、義務教育段階からのコンテンツ制作教育、国立総合芸術大学等の機能強化、国立の各総合大学等におけるコンテンツ関連学部・学科の新設や拡充等）をはじめ、国費での海外留学支援、産学官連携での社会人向け教育プログラムの創設や整備等に取り組むべきである。

その他、挑戦支援（若手クリエイターの支援、コンペティション）をはじめ、デジタル化（制作現場のＤＸ推進、生成ＡＩ等新技術活用、プラットフォーム育成）、海賊版対策・著作権保護（官民連携体制、政府間交渉・国際連携の強化、啓発活動）、海外情報・インテリジェンス共有、ローカライズ・プロモーション促進（翻訳家育成、ローカライズ費用助成、重点ＩＰの大規模プロモーション、イベント出展支援）、拠点形成（教育・人材育成機関、制作・開発・撮影スタジオ、衣食住働遊環境、創業支援・クリエイター間の交流施設、劇場・ライブコンサート会場、観光・体験・宿泊施設、映画祭・フェス開催、収集・保存・修復・研究・展示施設等の集積）、経済圏拡大（マーチャンダイジング、多様な産業間連携）等の施策が必要となる。

3　スタートアップ振興

スタートアップ振興は、決してスタートアップのためだけのものではなく、大企業にも大きなメリットをもたらす。変化の激しさが増すばかりの今の時代にあっては、自社ですべてをゼロから開発するよりも、スピード感のあるスタートアップと協働することが不可欠である。大企業は、自身の競争力強化のために、製品・サービスの調達やM&Aなど、対等なパートナーとしてスタートアップと連携することが当然という意識を持たなくてはならない。

スタートアップ振興は、大学にとっても欠かせない。Science to Startup の好循環のもとでは、大学の研究からスタートアップや知的財産が生まれ、それらが生み出す利益が大学に循環する。こうして大学が潤沢な研究費を自ら確保することで、さらなる先進的な研究が生まれ、そこからまた多くの優れた研究やスタートアップが生まれる。スタートアップ振興は決して目先の利益を追うものではなく、大学の研究力の向上に不可欠なものであることを自覚しなくてはならない。

そのために、大学は、事業化を見据えた戦略的な特許の取得、社会実装やそのための支援活動が教授や研究者の評価に直結するような人事制度の見直し等を行うべきである。また、大学の外部から能動的に技術シーズ（新製品やサービスの開発に必要な技術やノウハウ）を発掘し事業化に導くプロフェッショナル支援チームやベンチャーキャピタルと研究者をつなぐ機能および Science to Startup を円滑化する機能を担う大学内の支援体制の抜本的強化も不可欠であり、現状の枠組みにとらわれない大胆な人材投資が望まれる。スタートアップ・大企業を含む産業界と大学の間の人材の往来を桁違いに増やすことも重要である。

また、ディープテックスタートアップの成長・拡大に向けた海外資金・優秀な人材の呼び込み等も不可欠である。

これらの施策によってスタートアップエコシステムを拡大し、ユニコーン企業を数多く、絶え間なく創出することで、産業界の新陳代謝を高める。大企業・スタートアップにかかわらず、イノベーションにより真に高い競争力を持つ企業が経済を牽引する形へと産業界を抜本変革する。

２０２２年の「スタートアップ育成５か年計画」の策定から2年が経過し、日本のスタートアップ振興政策の成果がようやく目に見える形で表れ始めた。世界からの注目も着実に増している。今後、さらに成果が指数関数的に拡大していくと期待されるなか、景気や政治といった一時の状況に左右されて政策が停滞、あるいはトーンダウンすることはあってはならない。スタートアップ振興施策を一貫して維持し、着実に実行すべきである。

1　「Software as a Service」の略。インターネット上で利用可能な、インストール不要のソフトウェア、もしくはその提供形態のこと。
2　経団連「Entertainment Contents ∞ 2023【参考資料集】」（２０２３年４月）https://www.keidanren.or.jp/policy/2023/027_shiryo.pdf
3　経団連「Entertainment Contents ∞ 2023【参考資料集】」（２０２３年４月）https://www.keidanren.or.jp/policy/2023/027_shiryo.pdf　過去11年間でのわが国の市場成長率は２・３％と、米国６・

1％、韓国6・0％、英国5・8％、中国23・0％、インド10・8％等と比較して低位。将来の予測平均成長率は3％で53か国中最低。

4 例えば、Leopold Aschenbrenner. 2024. "SITUATIONAL AWARENESS: The Decade Ahead"は、2027年までにAGIに到達し、2020年代の終わりにはASIが実現すると予測。https://situational-awareness.ai/

第3章－V

教育・研究

目指すべき姿

- 多様な人々と協働しながら、社会課題の解決に取り組み、新たな価値を創出するなど、成長を牽引する人材が育成されている
- 国際連携をリードする多数のグローバルリーダーが育成されている
- 日本の研究力向上により、多様な知が生み出されている

政府の役割

- 初等中等教育の伝統的な価値観と手法の刷新（教育のOSから変える）、多様性を重視し、主体性・好奇心を育てる個を尊重した教育改革の断行
- 若者の海外留学の支援とともに、外国人留学生の受入れの拡大
- 大学のトップ層の強化と全体の底上げによる研究力の再生、抜本的強化
- 高度専門人材の戦略的な育成・獲得

企業・経済界の役割

- 多様な人材（海外留学経験者、外国人留学生、博士等の高度専門人材等）が活躍できる企業へと変革するための採用、処遇、職場等の環境整備
- グローバルリーダーの育成や、多様性のある教育、質の高い研究を可能にする環境の実

現に向けての、産学官での協力

天然資源を持たない島国である日本において、人材こそが最大の資源である。教育は個人の成長とともにイノベーションの創出に直結し、わが国の経済社会が持続的に成長するうえでの基盤となり、地域経済の活性化および国際社会の発展におけるすべての領域に関わるものである。新しい日本社会の創造がいかに進むかは、教育のありように大きく左右されると言っても過言ではない。「VUCA」[1]と呼ばれる不確実かつ予測困難な時代にあっては、自ら道を切り拓く力や新たな価値を創出する創造性、国際社会で多様な人々と協働する力が求められる。

一人ひとりの能力を最大限に活かすためには、多様性を重視し、主体性・好奇心を育てる個を尊重した教育の実現が急務である。また、グローバル化の本格的な進展に伴い、わが国の国際競争力を強化していくためには、国際連携をリードするグローバルリーダーがわが国から多数輩出していかなければならない。

他方、わが国は人口減少・少子化、教育費負担の増大、グローバル化の遅れ、画一的で学力偏重型の学校教育・入試制度等の課題を抱えており、個の主体性や好奇心、多様性を尊重し、グローバルリーダーの育成に適した教育制度になっているとは言い難い。

以下では、わが国の教育をめぐる課題と、前述の目指すべき姿を実現するために必要な施策について論じる。

現状認識

1　日本の研究力の低下と政府研究開発投資の低迷

日本のアカデミアは、長年にわたって科学技術分野における基礎・応用研究を展開し、幅広い分野で様々な知見・経験・知的財産、そして研究力を蓄積してきた。他方、近年では、日本の研究力低下が指摘され、その強化が叫ばれてきた。それにもかかわらず、現状のわが国の研究力に対する評価は、かえって厳しさを増している。現に、国の科学研究力の質的指標を示すと言われているＴｏｐ10％補正論文数をみると、直近の２０２０～22年平均値は、世界10位以内にもランクインしておらず、もはや世界トップレベルであるとは到底言い難い状況と評価されている（図表３－Ｖ－１）。ＦＤ２０４０が掲げる「科学技術立国」を実現するためには、研究力を抜本的に強化し、こうした傾向を反転させなければならない。

日本の研究力が低下したことには様々な原因が指摘されているが、その大きな要因の一つとして、公的財源の不足が挙げられる。実際、主要国の政府研究開発投資の対ＧＤＰ比をみると、日本は先進諸国と比較しても低水準にあり、経済協力開発機構（ＯＥＣＤ）諸国の平均を下回って推移している（図表３－Ｖ－２）。政府による大学への支援という観点からは、「選択と集中」の方針の下、２００４年度に１兆２４１５億円であった国立大学法人運営費交付金が、２０２４年度には１兆７８４億円にまで減額されている。また、あらゆる学術研究に助成を行っている科学研究費助成事業（以下、科研費）の予算額については、ほぼ横ばいで推移している。

政府による大学や研究者への支援が低下・横ばいで推移するなかで、研究者の本業である研究に割ける時間も減少している。文部科学省「大学等におけるフルタイム換算データに関する調査」によれば、大学等教員の研究活動時間割合は、

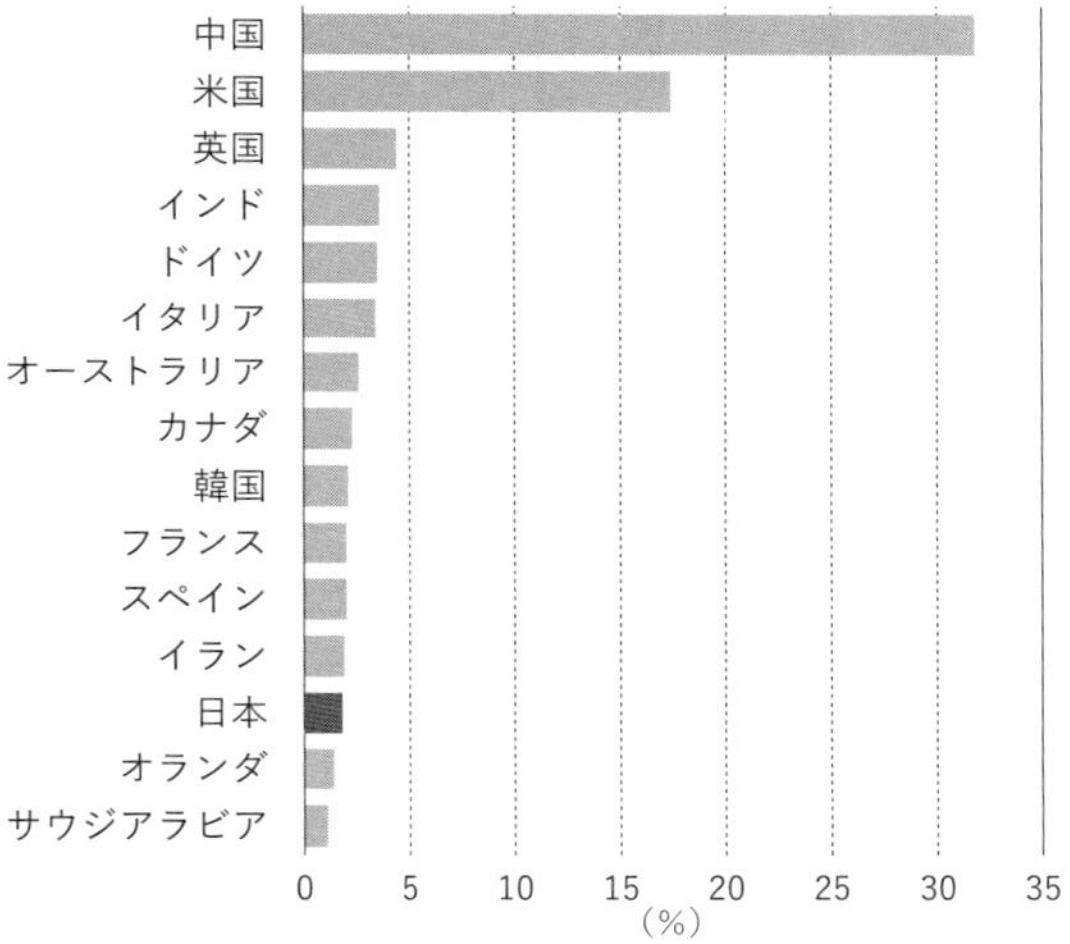

図表3-V-1　研究力（論文引用件数の国際比較）

出所：文部科学省科学技術・学術政策研究所「科学技術指標2024」

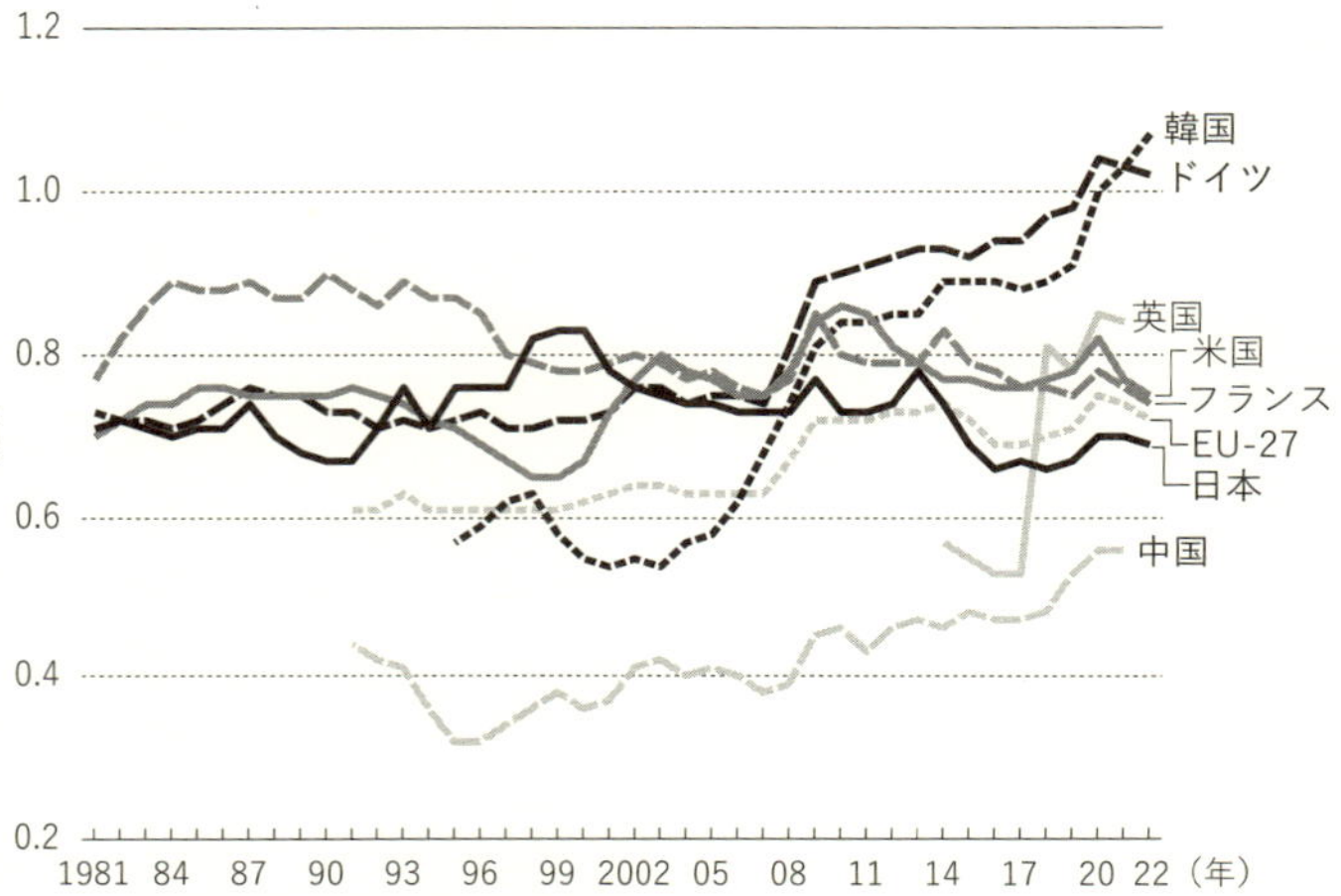

図表３-Ｖ-２　政府研究開発投資

注：一国の研究開発投資のうち、企業実施分を除いたものを政府研究開発投資とした
出所：文部科学省科学技術・学術政策研究所「科学技術指標2024」

２００２年度に46・５％であったが、２０１８年度には32・９％にまで低下している。研究活動以外の職務活動時間割合が全体的に上昇したためとされるが、政府の支援が細るなかで、研究や教育の補助等を行う事務職員の確保が進んでいない可能性もある。また、政府による研究支援については、競争的資金の比重が高まるなかで、事務作業量が増加しているとの指摘もある。高いレベルの研究成果を生み出すためには、研究者に十分な研究時間を与えなければならず、その対応が急務となっている。

さらに、「科学技術立国」の実現には、それを担う博士人材が不可欠であるが、この点でも日本は世界に後れを取ってい

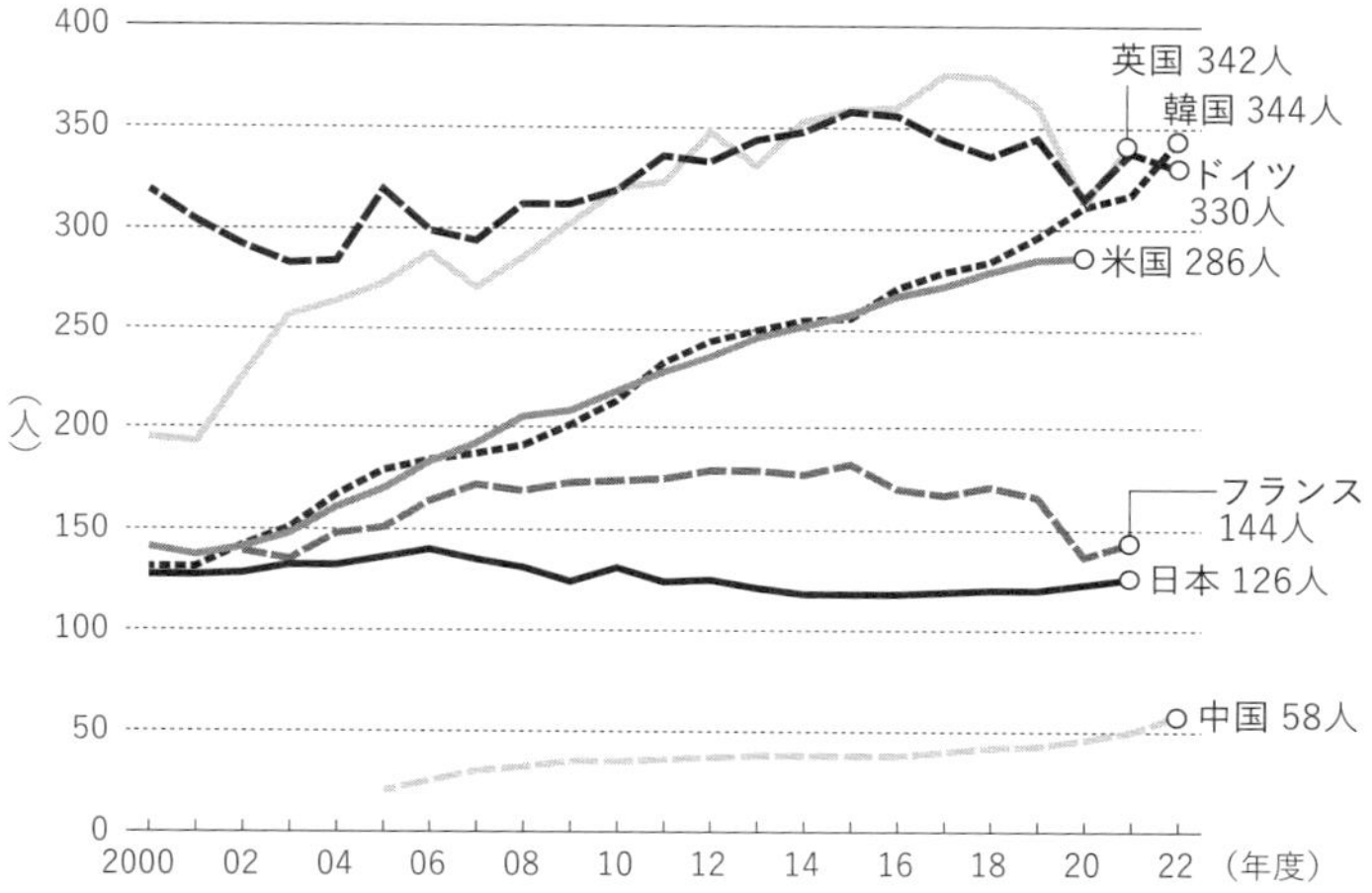

図表3-V-3　人口100万人当たりの博士号取得者数の国際比較

注：米国は2020年度、フランス・日本は2021年度、英国・韓国・中国は2022年度のデータ
出所：文部科学省科学技術・学術政策研究所「科学技術指標2024」

る。図表3－V－3の通り、人口100万人当たりの博士号取得者数は、諸外国で増加傾向にある一方、日本では低水準かつ横ばいで推移している。

2　留学生・研究者の国際的な流動性

様々な社会課題の解決と持続可能な成長を実現するうえで、グローバルリーダーの育成が重要である。留学生数は世界全体で過去20年の間に約160万人（2000年）から約560万人（2020年）へと大幅に増加している。ところが、東アジア諸国の間で2019年の留学生数を比較すれば、中国が約106万人、

		受入国・地域											計	
		中国	アフリカ	ドイツ	韓国	米国	フランス	英国	日本	オセアニア	その他のアジア	その他		
出身国・地域	中国	–	781	32,472	55,670	340,222	23,524	122,140	91,528	174,285	78,883	136,896	1,056,401	17.3%
	アフリカ	–	115,755	31,028	2,229	47,864	123,385	29,302	2,190	11,709	79,715	112,018	555,195	9.1%
	ドイツ	–	949	–	103	6,742	3,998	13,232	829	1,994	5,358	89,352	122,557	2.0%
	韓国	–	188	5,328	–	49,593	2,141	5,579	14,328	9,670	3,691	11,160	101,678	1.7%
	米国	–	1,263	7,430	1,026	–	3,532	19,418	2,453	6,133	6,350	54,454	102,059	1.7%
	フランス	–	880	8,720	154	6,311	–	13,826	1,121	1,882	2,474	68,195	103,563	1.7%
	英国	–	454	4,746	71	9,934	1,042	–	571	3,069	1,500	17,814	39,201	0.6%
	日本	–	45	1,930	1,661	14,730	1,161	2,684	–	3,264	1,268	5,758	32,501	0.5%
	オセアニア	–	99	1,532	181	7,115	258	2,804	723	15,118	1,312	2,707	31,850	0.5%
	その他のアジア	–	16,288	88,232	35,518	343,986	27,576	138,952	84,227	294,619	422,223	495,505	1,947,127	32.0%
	その他	201,177	87,927	151,815	2,244	150,355	59,761	141,082	4,937	48,420	387,994	766,079	2,001,791	32.8%
計		201,177	224,629	333,233	98,857	976,853	246,378	489,019	202,907	570,163	990,768	1,759,939	6,093,922	100.0%
		3.3%	3.7%	5.5%	1.6%	16.0%	4.0%	8.0%	3.3%	9.4%	16.3%	28.9%	100.0%	

図表3-V-4　高等教育段階における外国人学生の出身国・地域と受入国・地域

出所：文部科学省科学技術・学術政策研究所「科学技術指標2023調査資料－328」（2023年８月）

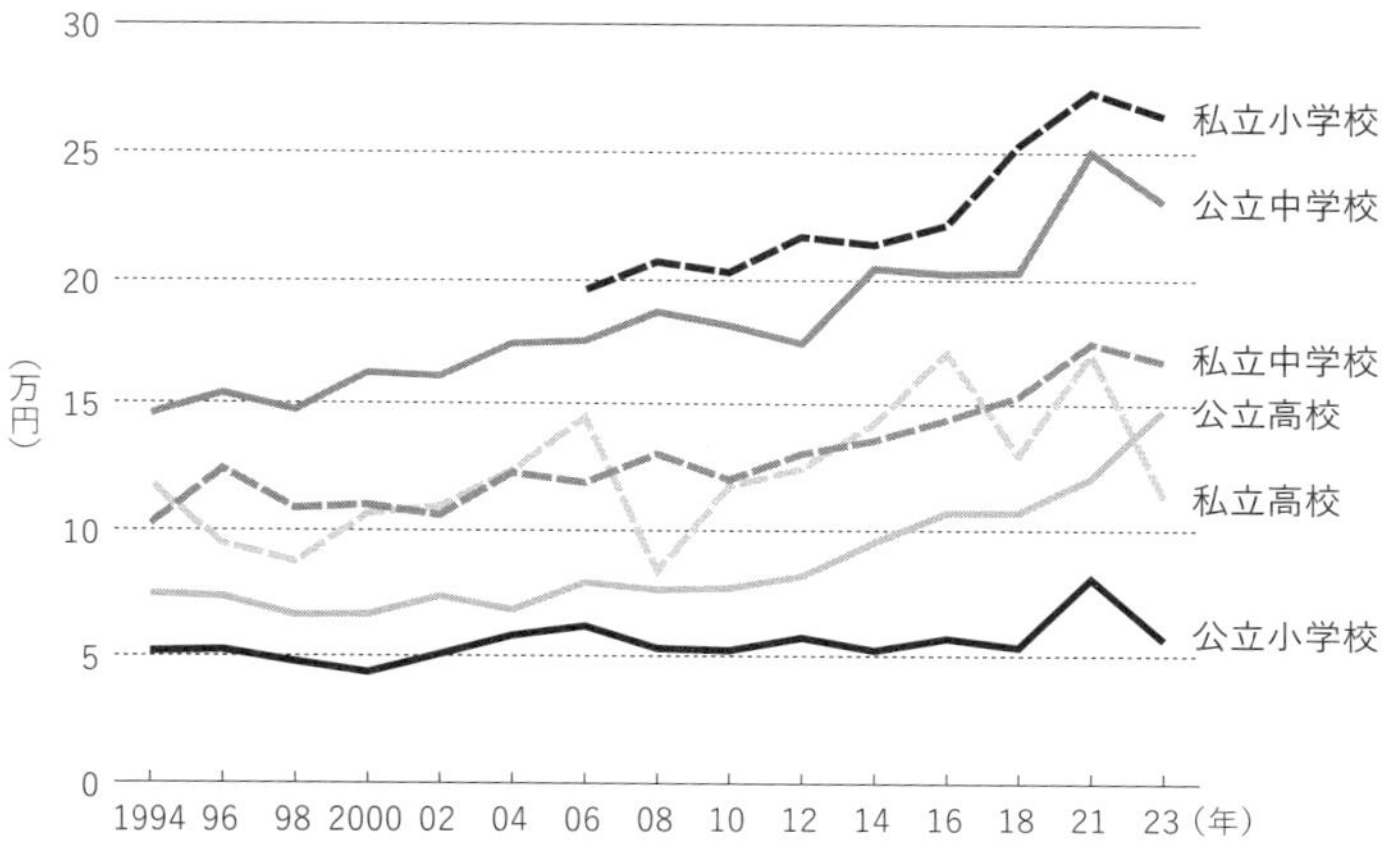

図表3-V-5　教育課程段階別の学習塾費の推移

出所：文部科学省「令和5年度子供の学習費調査」

韓国が約10万人であるのに対し、日本人は約3・3万人と少ない（図表3－V－4）。

また、日本の大学の国際化の遅れも指摘されている。英語のみで卒業できる課程等を設けている大学（学部段階）は、全大学796校のうち43校で全体の5％に過ぎず、4月入学以外の入学制度を設けている大学（学部段階）も261校で全体の35％にとどまっている。

3　教育費負担と出生率

教育費をめぐっては、その負担の増大が少子化を加速させるとの懸念がある。教育費のなかでも、特に学習塾費については、増加傾向にある（図表3－V－5）。政府は子育て支援策として、所得制限の撤廃により児童手当を拡充しているものの、このような教育に係る諸々の負担が、若者の間で「子どもを持つという選択は贅沢」との受け止めにつながっているとも考えられる。政府は、児童手当や高校生の就学支援金について、所得制限の撤廃により、その拡充を図っている。今後、これらの施策が教育に係る諸々の負担にどのような影響を与えるか注視する必要がある。

日本の合計特殊出生率は低下傾向にあり、2023年には1・20と統計を取り始めた1947年以降で最低値を更新した。幼い頃からの受験競争が非常に厳しいと言われるシンガポールの合計特殊出生率は、2017年以降1・2未満で推移し、2023年には0・97と過去最低を記録した。同じく受験競争が非常に厳しい韓国では、2023年の合計特殊出生率は0・72で過去最低を記録している。人口減少に歯止めをかけるためには、出生率を引き上げる必要があるが、そのためには、教育費負担や受験競争といった点についても考えていく必要がある。

4 教室の中の多様性への対応の必要性

現在、多くの学校で、一人の教員が多数の子どもたちを同時に指導する、学級単位の一斉授業スタイルが採られている。しかし、そうした教育方法では、ボリュームゾーンを占める一定

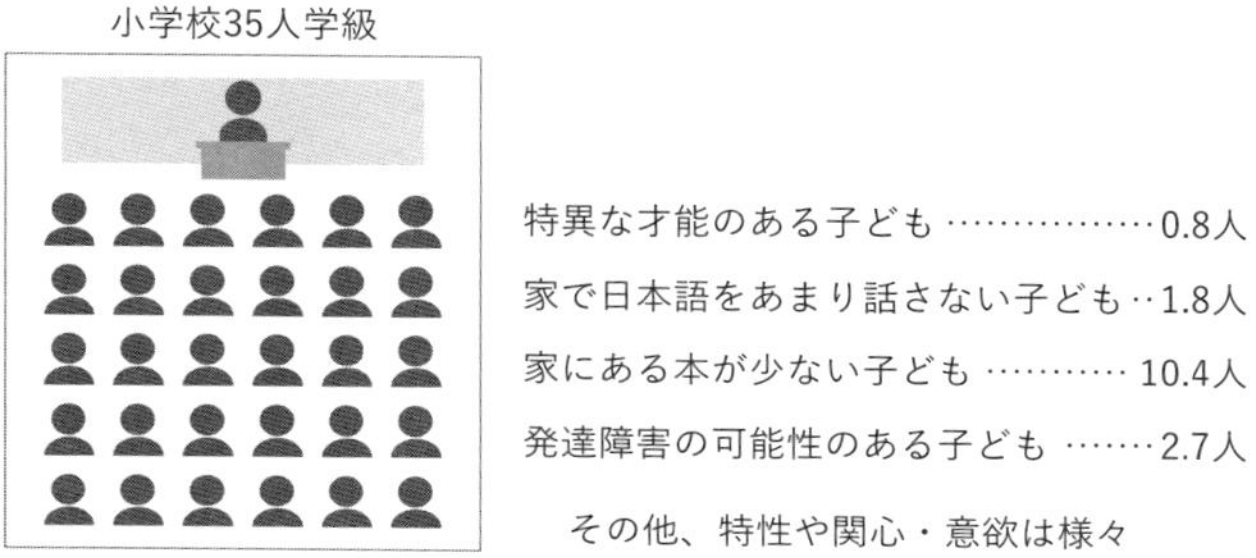

図表3-V-6　教室の中の多様性

出所：内閣府総合科学技術・イノベーション会議「Society 5.0の実現に向けた教育・人材育成に関する政策パッケージ」（2022年６月）を基に経団連事務局にて作成

の学力層に焦点を当てざるを得ない。学校には、様々な特性や関心、意欲を持つ子どもたちが在籍している（図表３－Ｖ－６）ため、一定の学力層に焦点を当てた教育によって、「落ちこぼれ」や「浮きこぼれ」（学習能力が平均と比べて極めて高く、学校の授業が物足りないと感じる児童）が生まれやすい構造になっている。あらゆる児童・生徒に最適な学びを提供するためには、一斉授業スタイルの教育方法を抜本的に見直す必要がある。教育行政では、小学校35人学級の段階的な実現など、教員一人当たりの児童・生徒数を減らすための取り組みが進められているが、予算面に加え、教室数や教員数の手当てが追い付いていない。ＧＩＧＡスクール構想により児童・生徒一人１台端末環境が実現している今こそ、革新的なデジタル技術を積極的に活用し、伝統的な一斉授業の刷新が求められる。

　現在でも学習指導要領では、習熟度別学習も可能であると明示されていることから、児童・生徒一人ひとりの習熟度に応じた指導は制度上問題ない。また、習熟度別授業や先取り学習を柔軟に実施できる学校種が創設されている。具体的には、1998年に、生徒一人ひとりの能力・適性、関心、進路希望に応じた多様で柔軟な教育を提供するために、中高一貫の中等教育学校の設置が可能になったが、59校（国公立39校、私立20校）[2]にとどまる。2016年には、義務教育として行われる普通教育を心身の発達に応じて基礎から一貫して施すことを目的とし、9年間の教育課程を「4－3－2」や「5－4」など柔軟な学年区切りで設定できる、小中一貫の義務教育学校も設置可能となったが、238校（国公立237校、私立1校）[3]にとどまる。また、大学への飛び入学制度も導入可能だが、現状では実施大学が極めて限定的である。

施策

1 大学の研究力の抜本強化

FD2040が掲げる「科学技術立国」を実現するためには、研究力の強化は不可欠である。他方で、前述の通り、わが国の研究力の低下は著しいことから、施策のあり方を根本的かつ早

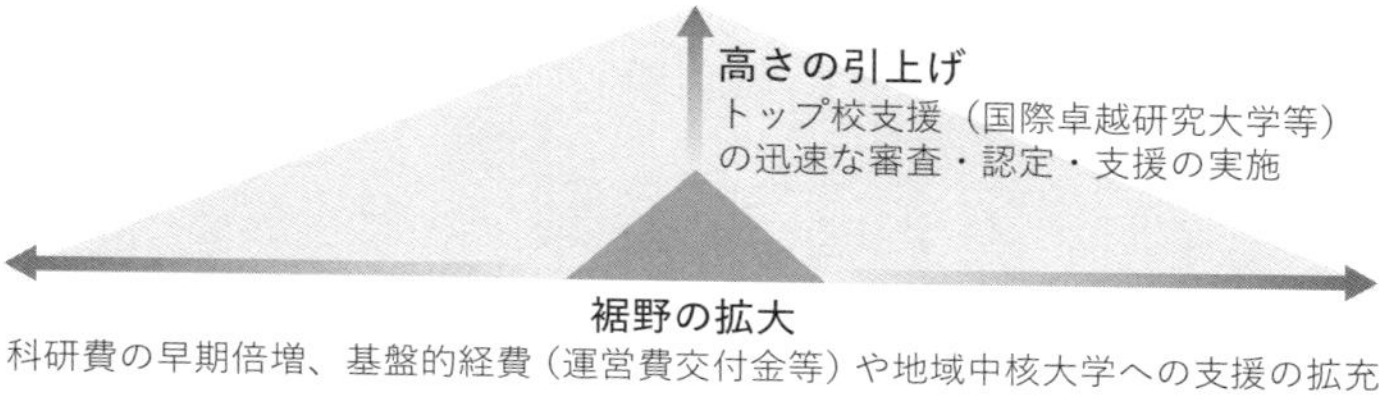
高さの引上げ
トップ校支援（国際卓越研究大学等）
の迅速な審査・認定・支援の実施
裾野の拡大
科研費の早期倍増、基盤的経費（運営費交付金等）や地域中核大学への支援の拡充

図表3-V-7　日本の基礎研究力の向上イメージ

急に変革しなければならない状況ある。目指すべき方向性は、第3章-Ⅳで論じた通り、従来の「選択と集中」から「戦略と創発」への転換である。

　この「創発」においては、基礎研究が極めて重要であり、大学が主たる役割を担っている。そこで、以下では大学の研究力を抜本的に強化するために必要な施策を論じる。

(1)高さの引上げと裾野の拡大

大学の研究力を強化するためには、政府による支援が欠かせない。その方向性として、図表3-V-7の通り、全体の底上げを目指し、トップ校への支援を加速する（高さの引上げ）とともに、科研費や基盤的経費等を拡充する（裾野の拡大）必要がある。これらの取り組みにより、研究者が十分な資金と時間を得られるようにすることを目指す。

　まず、トップ校への支援については、現在、国際卓越研究大学制度があるが、制度運用の加速化が求められる。この制度は、国際的に卓越した研究の展開および経済社会に変化をもたらす研究成果の活用が相当程度見込まれる大学を国際卓越研究大学として認定し、政府の大学ファンドを財源として、大胆な支援を行うものである。その課題は、スピード感であり、審査を円滑化し、ハイスタンダードな条件をクリアした大学を速やかに認定するとともに、認定後は直ちに支援を開始すべきである。それと同時に、創出された成果やノウハウを積極的に他の大学へと横展開することで、日本のアカデミア全体の底上げを図ることも重要である。

裾野の拡大については、大学や研究者に対して、幅広く支援を行うことが求められる。前述の通り、科研費が横ばいで推移するとともに、国立大学法人運営費交付金が減額されるなど、政府による支援が細るなかで、研究者は十分な研究資金と研究時間を確保できていない状況にある。そこで、これまでの「選択と集中」を転換し、科研費については、早期に倍増させ、十分な研究資金を研究者に広く展開していくことが求められる。同時に、国立大学法人運営費交付金等の基盤的経費を拡充することで、研究環境を整備し、研究時間の確保を進める必要がある。これらに加え、若手研究者支援や、事務・教育業務サポート体制構築、競争的資金にかかる申請・評価・報告等の資料作成の軽減などをはじめ研究者が研究に専念できる環境整備も同時に構築すべきである。

このように、高さの引上げと裾野の拡大に向けて、大胆な施策を展開していくべきだが、今の大学のあり方を見直し、効率的かつ質の高い研究が推進できる体制を実現することも求められる。後述する通り、第3章－Ⅲで論じた「新たな道州圏域構想」を通じて、大学の統廃合を進めていく必要があるほか、経営ガバナンスの充実を図り、大学がより自由度を持って活動できる体制も必要となる。また、厳格な業績評価による柔軟な給与制度や、クロスアポイントメント（研究者等が、大学や公的研究機関、民間企業等の間で、それぞれと雇用契約関係を結び、各機関の責任の下で業務を行うことが可能となる仕組み）制度を一層活用する等、人事マネジメント改革を行い、若手教員の比率拡大や安定的な雇用・研究環境の構築を実現すべきである。

このほか、基礎研究・学術研究等に対して国が幅広く研究開発投資を行う意義を国民に十分理解してもらえるよう、サイエンスコミュニケーター（科学技術の専門家と一般社会の間に立ち相互理解を促す人）等を中心に、積極的かつ簡易なコミュニケーションを維持・拡大していくことも欠かせない。

なお、就職活動の早期化・長期化の影響により、修士課程・博士課程の学生が十分な研究時間を確保できず、大学における研究力の低下を招いているとの指摘に対しては、修士課程・博士課程の学生が研究に専念できる環境を整備し、その研究成果を適切に評価したうえで、その後のキャリアに活かせるようにすることが求められる。産業界は、求める研究人材像を明確に示したうえで、通年採用を一層活用し、大学院修了直前もしくは修了後の採用選考枠を拡充すべきである。

⑵高度専門人材の育成

イノベーションを起こし、新たな価値を創出する高度専門人材の育成は、質・量の両面において、重要性が増している。こうしたなか、前述の通り、博士人材の育成においては、日本は諸外国に後れを取っていることから、博士人材をはじめとする高度専門人材を養成する機能の強化が喫緊の課題となっている。

近年、ＡＩ・デジタル、バイオ等の分野における高度専門人材の需要が高まっており、この分野の人材育成が急務である。当該分野の人材育成を急ぐとともに、２０４０年に向けて、勝ち筋となる戦略分野を設定し、産学官の緊密な連携の下、高度専門人材を育成すべきである。大学は、企業との連携の下、企業等が抱える課題の解決を目指す共同研究プロジェクトやインターンシップを拡充することも一案である。政府としては、基礎研究をはじめとしたアカデミアのキャリアを志向する人材の育成とともに、産学連携の下で大学院教育改革に取り組む大学に対して、これまでの卓越大学院プログラム以上に大規模な支援を行うべきである。

企業からは、国内トップ大学ですら最先端の研究内容が教育カリキュラムに組み込まれていないとの指摘がある。変化の激しい社会のニーズや最先端の研究内容を踏まえ、教育カリキュラムの改革にスピード感を持って柔軟に取り組むべきである。そのような大学院教育を通じて、優れた研究が一層進展し、社会実装につながることが期待される。

また、高度専門人材が、キャリアの選択肢に研究成果に基づく起業を入れられる環境を整備することは、わが国のイノベーション創出にとって重要である。特に、日本が強みを持つライフサイエンス、バイオ、宇宙、ロボティクスをはじめディープテック領域の研究を、スタートアップを通じて社会実装するうえでは、高度専門人材の育成が鍵を握る。前述した若手研究者への経済的支援や、研究者が研究に専念できる環境整備等により、スタートアップの担い手になり得る高度専門人材の数を増やすべきである。

(3)重層的な広域連携と地域の大学の役割

地域の中核大学等には、知の拠点として、地域固有の資源や強みを活かして地域の課題を解決するなど、地域創生の核としての役割を果たすとともに、地域振興の担い手がそこから輩出することも期待される。

国・公・私の設置形態に拠らず、地域の産業政策と教育政策を連動させる視点は地域の産業振興に欠かせない。国も、ガイドラインの策定や大学等連携推進法人制度の導入等により、地域の産学官連携の取り組みを後押ししているが[4]、グローバルな観点から産業振興等を目的とした連携を進める場合には、第3章－Ⅲで論じた、地方公共団体の行政区域を越えた広域連携が肝要である。

とりわけ、「新たな道州圏域構想」を通じた取り組みも重要である。これは、人口構造の変化のほか、研究分野によっては、研究者や研究に用いる試料・設備等のリソースを集中させることが研究の深化や加速に効果的、かつ大きな成果につながる場合があるためである。そこで、これまで各都道府県に置かれてきた総合国立大学については、より広域な道州圏域レベルで、大学の統廃合や学部・研究科の集約・適正配置を進めていくべきである。

日本の大学は学生数1000人未満の小規模大学が多数を占め、経営基盤が脆弱《ぜいじゃく》な大学が多い。国や地方公共団体が、大学間の連携[5]や統廃合を促進する施策を講じることで、大学の経営基盤を強化し、地域の中核大学としての機能を果たせるようにすべきである。一方、統合により地域の中核大学となった大学には、国は基盤的経費を拡充すべきである。

2 グローバルリーダーの育成

激しい国際競争の中で成長を牽引するグローバルリーダーを育成するには、学生が多様なバックグラウンドを持つ人々と世界各国で学び協働する経験を通じて、グローバル感覚を養う機会を大幅に拡充する必要がある。あわせて、企業において、海外留学経験者や優秀な外国人留学生が活躍できる職場環境を整備することが不可欠である。

⑴国による奨学金事業の大幅な拡充

国は、2033年までに、日本人学生の海外派遣者数を年間50万人（コロナ前22・2万人）、外国人留学生受入数を年間40万人（コロナ前31・8万人）まで引き上げるという目標を掲げている。国はその目標にふさわしい予算を計上し、早期に実現すべきである。なお、高校・大学・大学院に在学している海外留学希望者全員が留学するために必要な金額を試算すると1兆円規模となる。奨学金事業の大幅拡充等を通じて、高校・大学段階で海外に長期留学する生徒・学生と、日本に留学する優秀な外国人材の数を飛躍的に拡大すべきである。特に、国際的なトップ大学に1年以上留学する日本人学生の数を増加させることが重要である。

⑵大学の国際化

グローバルで激しい人材獲得競争が展開されるなかにあっては、海外への留学を増やすのと同時に、日本国内の大学の国際化も加速させる必要がある。具体的には、秋季入学やクォータ制の本格的な導入など学事暦を多様化・柔軟化させ、世界中の優秀な学生を受け入れやすい環境を整備することが求められる。これにより、大学間の国際連携・交流が促進され、日本人学生の海外留学も容易になる。これらを通じて、多様なバックグラウンドを持つ学生が共に学び合う環境が整い、グローバルリーダーの育成にもつながる。

また、英語のみで学位を取得できるコースやジョイント・ディグリー・プログラム（連携する大学間で開設された共同プログラムを修了した際に、複数の大学が共同で単一の学位を授与するもの）およびダブル・ディグリー・プログラム（複数の連携する大学間で開設された同じ学位レベルの共同プログラムを修了した際に、各大学がそれぞれ学位を授与するもの）の開設は、国際的な学生の交流を促進し、わが国の大学が国際的な頭脳循環に加わるために有効である。しかしながら現状は、各大学の判断に委ねられ実施している大学は少ない。国全体で大学の国際化を後押しするために、こうした取り組みを推進する大学に対し、基盤的経費の配分を増額するなどの支援を講じるべきである。

(3)企業による採用・評価制度等の見直し

産業界にとっても、グローバル人材の育成・確保は、国際連携をリードし、激しい国際競争を勝ち抜くうえで、喫緊の重要課題である。企業も、若者の留学をこれまで以上に支援することが期待される。

海外留学経験者や外国人留学生の積極的な採用にあたっては、採用スケジュール、キャリアプラン、評価・報酬制度を具体的に見直すことが求められる。特に「留学をすると就職活動に乗り遅れる」という学生の不安を払拭する観点から、通年採用の拡大や海外インターンシップの拡充が欠かせない。また、採用選考において、留学を通じた経験を積極的に評価することも期待される。

3 教育の伝統的価値観と手法の刷新（教育のＯＳを変える）

国内外で多様な人々と協働しイノベーションを創出する人材を育成するには、初等中等教育段階からの取り組みが欠かせない。現在、多くの学校において、一律のレベルの学習を、一律のペースで、多数の子どもたちが一人の教員から受動的に学ぶ一斉授業スタイルが採られている。また、ドリルの正解を答えたり、教員が何を正解としているのかを考え、それを言い当てたりする教育が行われている。今後、初等中等教育における伝統的な価値観と手法の刷新を通じて、多様性を重視し、主体性・好奇心を育てる個を尊重した教育改革を断行すべきである。

第一に、あらゆるレベル・分野で児童・生徒一人ひとりに最適な学びを提供すべきである。そのためには、EdTech《エドテック》（ＩＣＴ技術を用いて教育を支援する仕組み・サービス）の活用により、各児童・生徒の興味・関心や学習進度に適した課題や教材を提供できる環境を整備することが求められる。その際、教員には、児童・生徒の学びをサポートする役割が期待される。[6]

第二に、義務教育学校・中等教育学校の普及等を通じて、実質的な「飛び級」を推進すべきである。上の学年の学習内容を先取りしながら学習できるようにするなど、習熟度の高い児童・生徒にも合わせた学習を行える公立学校の一層の普及が求められる。

第三に、学校外での高度で多様な学びの機会[7]の拡大が重要である。科学館、博物館、大学・高専、研究所、企業等において、意欲あるすべての子どもたちが専門家にアクセスし、知的好奇心を満たしながら探究活動を行える機会を確保すべきである。そのためには、費用及び人員面等で産官学が連携することが期待される。その際、特定分野に秀でた児童・生徒の学びの場[8]の拡充も忘れてはいけない。前掲図表3－Ⅴ－6の通り、特定分野に特異な才能を持つ児童・生徒は、小学校35人学級に0・8人いると言われている。地方自治体等は、特異な才能のある児童・生徒の指導・支援に関して、様々な機関が提供するプログラムや関わる人材等について、情報を集約し、提供する仕組みを設計する必要がある。

学校外での高度で多様な学びの提供にあたり、基礎自治体単位では必要な人的・物的資源を確保できないケースもあることが考えられるため、広域で連携すべきである。

具体的には、次の取り組みを推進する必要がある。

(1) 探究型学習の充実

「Society 5.0+」（アップデートされたSociety 5.0）では、あらゆる分野の知見を総合的に活用して社会課題の解決に取り組むことが求められており、そのためには、「総合知」[9]の形成が不可欠である。総合知は一朝一夕に獲得できるものではないため、初等中等教育から段階的に、教科学習で獲得した知識・スキルを活かして、社会課題を多角的な視点で捉え、解決策を見出していく探究型学習を実践していくことが重要である。社会課題を踏まえた課題設定・解決能力を涵養するために、探究型学習の充実に向けて、産学官が連携して費用・人員等を手当てしていくことが期待される。

(2) 教育ＤＸの推進

教育ＤＸ（デジタルトランスフォーメーション）によって、学習者の多様なニーズに対応し、個別最適化された学習を実現することができるようになる。また、児童・生徒が協働学習において グループ内の意見を整理し、発表するうえでも、EdTechの活用が期待される。国は、良質な学習コンテンツやデジタル教材の開発と普及を支援すべきである。また、児童・生徒一人ひとりの教育データを蓄積・分析・活用することで、個に応じた指導・支援や教育政策への反映を実現すべきである。

さらに、昨今、教員の長時間労働が深刻な課題となっている。教員が疲弊していては児童・生徒の学習・指導に対し、適切に対応することが難しい。そこで教育ＤＸの推進を通じて、教員の校務を効率化し、教員がより創造的な指導に取り組める環境整備に取り組むべきである。

加えて、地理的要因による教育格差の是正も重要である。ＩＣＴやリモート教育を活用し、日本国民が全国いつでもどこでも何歳でも質の高い教育を受けられるよう、遠隔・オンライン教育の普及に取り組む必要がある。

⑶ 文理分断からの脱却

ＶＵＣＡの時代に未来を切り拓く人材には、人文科学、社会科学、自然科学の幅広い知識をもとに、社会のなかから未知の課題を見つけ、その解決のために新たな価値を創造する力が求められる。そのためには文理分断から脱却する必要があることから、高校における文系・理系のコース分けの是正に早急に取り組む必要がある。日本では、3校に2校の高校（普通科）で、文系・理系コース分けが実施されている。大学入試対策として、受験科目以外の教科がおろそかにされることは由々しき問題と言える。例えば、高校で数学や理科の基礎を学ばなければ、大学で文理融合教育・リベラルアーツ教育を実践することは困難である。このような教育を続けている限り、日本は、人材面で国際的に後れを取る。後述の大学入試改革とあわせ、文系・理系のコース分けを是正する必要がある。

⑷ 入試改革

私立中学入試では、一部の学校で思考力や調べる力、伝える力等を問う「探究型入試」等を実施しているところもあるが、今なお4教科入試が主流である。[10] 現状、学力試験が中心となっている[11]ことから、創造力やリーダーシップなど、学力以外の多様な能力・資質や個性が評価されておらず、多様性に欠けている。中学入試や高校入試において、基礎的な学力に加えて、多様な能力・資質や個性も評価する入試が拡大することで、児童・生徒の学びが変化することが期待される。

また、大学入試については、各大学が入試改革を断行し、入試科目の見直しとあわせて、探究的な学習など主体的な学びを通じて得られた多様な能力や経験・実績等を評価する総合型選抜が主流になることが望まれる。

多様な能力・資質や個性を評価する入試が一般化することで、行き過ぎた偏差値教育を是正し、主体性や好奇心を育てる個を尊重した教育が浸透することが期待される。

加えて、大学入試と就職活動において、中高入試を勝ち抜いた人が有利であると認識される社会通念を改めることが求められる。

学力偏重の入試のあり方の見直しと同時に、家庭の経済状況や地域の環境等が原因で、多様な体験も含めた学びの機会に大きな差が生じないよう、地方公共団体、地域団体、企業・NPO等の連携の下、体験活動を推進するプロジェクトを拡大するなど、学校外教育を受ける機会を確保すべきである。

1 Volatility（変動性）、Uncertainty（不確実性）、Complexity（複雑性）、Ambiguity（曖昧性）の頭文字をとった語で、変化が激しく、複雑かつ曖昧で予測が困難な状況を指す。
2 文部科学省「令和6年度学校基本調査」（2024年12月）
3 文部科学省「令和6年度学校基本調査」（2024年12月）
4 文部科学省高等教育局「地域連携プラットフォーム構築に関するガイドライン」（2020年10月）
5 大学や地方公共団体等の判断により、国公私立といった設置形態の枠を越えた連携を進めることも選択肢としてあり得る。
6 EdTech導入補助金（2021年度補正「学びと社会の連携促進事業」）による取り組みでは、授業支援ツールによる個別最適化学習を導入している。
7 例えば、科学技術振興機構の「ジュニアドクター育成塾」では、大学・高専・研究所等における理数・情報分野の学習等を通じ、高い意欲や突出した能力を有する小中学生を発掘し、その能力を伸長する取り組みを実施している。
愛媛大学教育学部の「KIDS ACADEMIA」では、幼い子どもの知的好奇心を科学的な探究や科学的思考へと拡充・深化・伸長させることを目的とした体験型学習プログラム「キッズアカデミア・サイエンス講座」を実施するとともに、幼い子どもの才能や創造性、イノベーターの芽を発掘することを目的としたコンテストを企画・開催している。

8 東京大学先端科学技術研究センターの中邑賢龍シニアリサーチフェローが主宰する「LEARN」では、企業や全国各地の教育委員会との連携の下、学校教育に飽き足らず社会で生きるための真の学びを追究したい子どもを対象にしたプログラム等を実践している。

9 総合科学技術・イノベーション会議有識者議員懇談会での検討を経た内閣府の定義によると、「多様な『知』が集い、新たな価値を創出する『知の活力』を生むこと」

10 栄光ゼミナール「中学入試データブック 一都三県 2024年入試用」

11 東京都「令和7年度都内私立中学校入学者選抜実施要項別表」

第３章－Ⅵ

多様な働き方

目指すべき姿

■リカレント教育（社会人の学び）等の充実と円滑な労働移動の推進・定着により、日本全体の生産性が先進諸国トップクラスとなっている。付加価値の増大を伴って賃金総額が安定的に増加し、適度な物価上昇を前提に、実質賃金と個人所得がプラスで推移する好循環が実現している

■エッセンシャルワーカーを含む多くの働き手が、企業の支援と自己啓発によってスキルアップに励み、雇用され得る能力（エンプロイアビリティ）を継続的に向上させ、自身の希望するキャリアを主体的に形成・実現している

■ＤＥＩ（Diversity, Equity and Inclusion：多様性、公平性、包括性）が浸透し、多様な人材が、時間や場所にとらわれず、個性を活かしながらエンゲージメント高く働き、イノベーションを継続的に創出し、付加価値の増大に寄与している（労働時間をベースとしない処遇を可能とする労働時間法制の適用労働者を増やす）

政府の役割

■社会や労働者ニーズの変化を捉えた働き方・労働移動を実現するための環境整備

企業・経済界の役割

■働き方改革の深化による付加価値の増大（賃金原資の安定的な確保）、賃金引上げのモメ

ンタム（勢い）の維持・強化、構造的な賃金引上げの実現・定着
■仕事・役割・貢献度を基軸とした人事・賃金制度の不断の見直し
■「人への投資」強化の観点からの、付加価値の増大に資する企業内人材育成施策の拡充
■多様な意識を有するすべての労働者の意見やニーズのこれまで以上に丁寧な汲み取り、制度・運営等への反映

２０４０年の日本経済を展望したとき、人口減少による労働力の供給面でのさらなる制約に直面することが確実な状況にある。こうしたなか、国際的に低位にある日本全体の生産性を改善・向上し、先進諸国トップクラスに引き上げるためには、付加価値の高い産業や分野、企業への労働移動を促進し、外国人を含む多様な人材が活躍できる環境整備が不可欠である。

こうした環境整備の基盤としてまず挙げられるのが、多様な人材が時間や場所に縛られず、個性を活かし、高いエンゲージメントのもとで、自律的に働くことのできる労働時間法制である。リモートワークやフレックス勤務にとどまらず、企画職や研究職など、働く時間や仕事の進め方等をある程度自らが選択して働くことができる労働者が、さらに柔軟に働けるようにすべきである。

あわせて、ＤＥＩの考え方を社会全体に浸透させ、ジェンダー、国籍、年齢に関わらず、すべての人がその能力を最大限に発揮できる社会を目指すことも重要である。特に、外国人政策については、国際的な人材獲得競争が激化するなかで、日本が選ばれる国となるために、有為な外国人が日本でキャリアを築き、長期的に活躍できる魅力的な環境を構築することが不可欠である。また、外国人の受入れにあたっては、単に「受け入れる」という発想ではなく、優秀な人材を戦略的に「誘致する」という発想への転換が求められる。

一方、企業や働き手にも時代に即した取り組みが求められる。企業は、働き手のエンゲージメント向上やイノベーション創出を期して、仕事・役割・貢献度を基軸とした人事・賃金制度に移行するとともに、その見直しを不断に行いながら、ジョブ型雇用の最適な組み合わせを含む「自社型雇用システム」を確立したうえで、その後も検討・見直しを継続する必要がある。また、「人への投資」強化の観点から、付加価値の増大に資する企業内人材育成施策の拡充も重要である。

さらに、社会活動を支えるエッセンシャルワーカーが従事する業種・企業等への波及も視野に、働き方改革の深化による付加価値の増大を通じて、賃金引上げ原資を安定的に確保することで、賃金引上げのモメンタムを維持・強化しながら、構造的な賃金引上げを実現・定着させることが求められる。一方、多くの働き手が企業内人材育成施策の活用とあわせて、自己啓発による能力開発・スキルアップに励み、雇用され得る能力を継続的に向上させ、自身の希望するキャリアを形成・実現してエンゲージメント高く活躍することが望まれる。

こうした社会全体での環境整備と企業・働き手の取り組み推進を通じて、付加価値の増大を伴って賃金総額が安定的に増加し、適度な物価上昇を前提に、実質賃金と個人所得がプラスで推移する好循環を実現する。

現状認識

1 働き方をめぐる変化の対応

現在、生産年齢人口の減少が続き、労働力問題の深刻さに一層拍車がかかることが見込まれている。こうしたなか、わが国経済社会の持続的な成長は、医療・福祉業、宿泊・飲食サービス業、運輸業など社会活動を支えるエッセンシャルワーカーや、多様な人材の活躍推進なくして実現できない。

総人口に占める外国人の割合は、２０２０年の２・２％から、２０４０年には５・３％まで高まる見込みである。こうしたなかでも、国際協力機構（ＪＩＣＡ）の試算によれば、２０４

0年に政府が目標とするGDPを達成するためには、現行の外国人受入れ方式では約97万人不足するとされる。[1]

また、ジェンダーの観点からは、政府・経団連ともにプライム市場に上場する企業の女性役員比率を「2030年までに30%以上」とする目標を掲げている。女性役員は順調に増えているものの、2024年時点で16・8%（経団連・プライム上場企業の取締役・監査役・執行役）と目標達成は道半ばである。

さらに、2040年にかけて、生成AIのさらなる普及など絶え間ない技術革新や、グローバル化のさらなる進展は、今後も労働需給に大きな変化を及ぼす可能性がある。こうした変化の下で、社内外の労働移動に適した制度整備や、雇用のマッチング機能とセーフティーネットの強化はもちろんのこと、人的資本の蓄積とアップデートの必要性が増大している。

時代に対応し、専門性を有する多様な人材が活躍できるようにするためには、労働者の個々のニーズや働き方に対応する労働法制の整備も欠かせない。現行の労働基準法は、戦後の1947年に制定され、労働者が同じ時間・同じ場所で働く工場法等を前提としており、始業・終業時刻が固定的で、労働時間と成果が比例する働き方を想定した制度になっている。その後、現在に至るまでに、産業構造が大幅に変化したことは周知の通りである。

また、労働者が求める働き方も多様化しており、特に現在の20代を中心に、働く時間や場所の自由を求める割合が高い。[2] さらに、労働時間ではなく成果に基づいた賃金決定を求める声が約64％というデータもある。[3] 働き手のエンゲージメントを高め付加価値の最大化を図るには、労基法制定後に大きく変化した仕事の特性や就労ニーズに適った処遇にする必要がある。

産業構造の変化や働き手のニーズの多様化もさらに進展すると見込まれる２０４０年において、現在の労基法のような、画一的な時間管理・評価が前提では、労働者は柔軟な働き方や十分な能力の発揮ができない。

もちろん、これまでも社会変化に応じて労基法は見直されてきた。１９４７年の制定以降、裁量労働制をはじめ様々な例外的な労働時間制度がつくられている。しかし、根本的な原則を見直さないまま、その都度新しい制度が追加されてきたために、法制度は複雑で分かりにくくなっている。さらに、煩雑な手続きや画一的な対象業務規制等もあいまって、例外的制度の活用はまったく進んでいない。[4]

労働は、人間が生活の糧を得るために欠かせないが、同時に個人の成長・自己実現にもつながり、社会を維持・成長させるための基盤でもある。すでに日本経済の成長が危ぶまれているなか、２０４０年を見据えて、労働基準法は労働者の保護だけではなく、個人や経済・社会の発展・競争力強化の目的をあわせもつものと捉え直し、国、労使共通の理解を図るべきではないか。

施策

1 円滑な労働移動の推進・定着

２０４０年にかけての産業構造の変化に対応すべく、生成ＡＩ等のデジタル技術のさらなる活用による雇用のマッチング機能の強化・高度化が期待される。求職者のキャリアビジョンや経歴、有するスキル等と、求人企業が募集するポジションのジョブディスクリプション（職務記述書）等から、最適と思われるマッチング候補を瞬時に提案するサービスが実現する可能性がある。こうした事業の実現を念頭に、強制労働や中間搾取防止のために民間職業紹介事業に対して厳しい規制を課してきた職業安定法や関連諸制度については、技術の進展による新たなサービスの創出に応じて、実態に適った形に適宜整備し、民間事業者の育成促進と健全な労働市場の発展につなげていく必要がある。

また、政府（ハローワーク）と民間事業者の連携による相互補完的な雇用のマッチング機能の強化・高度化が一層重要となる。デジタル技術の活用によって、雇用仲介に係るコストは低減し、民間事業者は取り扱う業種と地域の両面において活動領域が拡大していくことになる。

他方、政府の担うマッチング機能は、民間事業者のそれと重なり合いながら、とりわけ、様々な制約を抱える求職者の要望と、地域に根ざす主に中小企業の人材ニーズなど、民間事業者だけでは十分にフォローし切れない分野に役割を重点化していくことが効率的と言える。その際、働き手に対するキャリアコンサルタントの面談等を通じて、就職に必要な能力やスキルとのギャップを特定したうえで、公的職業訓練やリスキリング実施機関での受講等を促し、スキルギャップ解消を支援する必要がある。

あわせて、雇用のセーフティーネットを円滑な労働移動に適したものへとつくり変えていく必要がある。例えば、雇用保険制度における基本手当（いわゆる失業手当）は、再就職までの生活の安定を図るために支給され、年齢や被保険者期間、離職理由などに応じて、90日から360日までの間で給付日数が定められている。こうした制度設計は、基本手当を受給し終えてから再就職を行うインセンティブになっているとの指摘もある。そこで、モラルハザードが発生しないよう制度面で十分に配慮しつつ、再就職手当を増額させるなど、早期再就職へのインセンティブ付与をより重視した制度へと改革すべきである。

加えて、第3章－Ⅰで論じた、働き方や年齢に中立な労働参加促進型の社会保障制度の確立が求められる。

円滑な労働移動の推進には、企業における制度の整備・見直しも不可欠である。特に、グローバル化の進展やＤＸ・ＧＸ推進による産業構造の変革が進むなか、自社にとって最適な雇用システムを確立する必要がある。

わが国では、メンバーシップ型と称される雇用システムが大企業を中心に採用されている。メンバーシップ型雇用は、長期・終身雇用や新卒一括採用、年功型賃金といった特徴を持ち、様々なメリットを持って有効に機能している。一方で、近年の経営環境の変化や働き手の意識の多様化等に伴い、様々な課題が顕在化している。その対応として、仕事や役割、貢献度を基軸とした人事・賃金制度への見直し・拡充が求められるなか、ジョブ型雇用の導入・検討を含めた、自社にとって最適な「自社型雇用システム」を確立する必要がある。

ジョブ型雇用は、働き手の主体的な能力開発・スキルアップキャリア形成を促進することに加え、社外から多様かつ自社に必要な人材を採用し、その活躍を後押しすることが期待される。このように、働き手のエンゲージメント向上とイノベーション創出、円滑な労働移動の推進に寄与すると考えられる。

企業は、自社にとって最適な「自社型雇用システム」を確立する必要がある。そのうえで、２０４０年に向けて、その時々の経営環境や働き手の意識変化などを踏まえながら、円滑な労働移動と多様な人材の活躍推進に資すべく、不断の検討・見直しが求められる。

2　多様な人材の活躍推進の加速

多様な人材の活躍推進の加速に向けて、施策1で述べた通り、自社にとって最適な「自社型雇用システム」の確立と不断の検討・見直しを前提としたうえで、高齢者と若年者の活躍支援策について詳述する。なお、左記施策のほか、有期雇用等労働者の活躍支援策の推進も欠かせない。同一労働同一賃金法制[5]を踏まえた処遇改善の徹底はもちろんのこと、やむを得ず有期雇用等を選択した不本意有期雇用等労働者や、意欲と能力のある有期雇用等労働者の正社員登用を積極的に進める必要がある。しかし、育児や介護など様々な個別事情により労働時間や勤務形態に高い柔軟性を求めている有期雇用等労働者に対して、労働時間・勤務地等を限定しない正社員への登用を打診しても、応じてくれる可能性は高くない。そこで、労働時間・勤務地等を限定した正社員制度（多様な正社員制度）を整備することも有効である。

⑴ 高齢者

労働力問題がより深刻化しているわが国では、能力と知識・経験等を備えている高齢者の活躍推進が重要である。

そのため、高齢社員それぞれに適した職務・役割の設定や見直し、賃金水準の適正化等が必須となる。

加えて、年齢に関わりなく社員が活躍できる企業・組織・職場を志向し、後進のキャリアパス等への影響にも留意しつつ、定年年齢の引上げや、定年・役職定年制の廃止を検討することが望まれる。例えば、定年廃止企業および定年年齢を65歳以上で設定している企業の割合（2023年、30・8%）[6]を2040年までに50%以上とする目標を掲げることが考えられる。

さらに、退職金制度を有している企業においては、そのあり方を見直す必要がある。多くの日本企業では、社員の退職に際して、退職一時金に加え、確定給付年金（DB）を支給している。今後、転職など労働移動がさらに推進・定着していくことを見据えれば、ポータビリティ性に優れる確定拠出年金（DC）への移行、さらには退職金制度の縮小・廃止を含めた再構築に向けた丁寧な議論が望まれる。

加えて、政府においては、雇用保険制度の高年齢者雇用継続給付の縮小・廃止や退職所得控除のあり方について検討する必要がある。

さらに、一企業にとどまらず、社会全体で高齢者活躍の場を拡大していく必要がある。その際、AIによるマッチング技術の活用や、副業・兼業の促進、NPO法人での就業も含めた多様な働き方を用意することが有益となる。

(2) 若年者

多様化する若年者の就労ニーズに対応するため、採用方法も多様化する必要がある。具体的には、新卒一括採用だけでなく、経験者採用や通年採用、初任配属確約採用、職種別・ジョブ型採用、地域・エリア別採用などが選択肢となる。

入社後においては、若年社員個々人がどのようなキャリア志向なのかを企業・上司が把握してその実現に向けた明確なキャリアパスの提示と支援等が求められる。働き手の主体的なキャリア形成支援に向けて、計画的なOJTの実施や、リスキリング支援、研修・セミナーの充実など、付加価値の増大に資する企業内人材育成施策の拡充が重要である。加えて、若年社員個人の希望・ビジョンと企業のニーズを踏まえた配置と異動を実行できるよう、社内公募制やFA制など制度面での整備が必要である。

さらに、企業は、若年社員を含む優秀な社員を積極的に昇進・登用できるよう、早期の管理職登用など「抜擢人事」ができるよう人事制度を見直すことが望まれる。

このほか、ジェンダーについては施策3、外国人については施策4において詳述する。

3 ジェンダーバイアスのない社会づくり

家事・育児・介護といった家庭内労働は、ジェンダーにかかわりなく発生するものである。戦前・戦後の「男性（夫）は仕事、女性（妻）は家事・育児・介護」といった性別役割分担意識（ジェンダーバイアス）を払拭し、家庭内労働に伴う負担は、外部サービスも適切に利用しながら、家族それぞれで分かち合うことが大切である。「男のくせに」「女らしさ」といったジェンダーステレオタイプをはじめとするアンコンシャス・バイアス（無意識の偏見）を払拭し、性別にかかわらず個人の選択を尊重する意識改革が求められている。

また、近年では、共働き世帯が専業主婦世帯の約2・5倍となる（図表3－I－8）など、働き方や家族形成に対する価値観が多様化し、世帯構造も変容している。政府においては、夫婦同氏（同姓）制度や、専業主婦世帯を前提とした社会保障制度・税制を抜本的に見直し、社会の実態に適った制度への見直しが急がれる。また、親に大きな負担がかかるPTA活動やクラブ活動の運営方法についても、デジタル技術による効率化や外部コーチの招聘《しょうへい》など、負担を軽減しながら、健全な子育てができるよう、柔軟な取り組みを行う必要がある。こうしたニーズに対応し、家事・育児・介護などに対する生活関連支援サービスが発展することが望まれる。政府には、要介護者や子どもなどを安心・安全に任せることのできる、健全な事業者に対する制度的な支援を行うことも求められる。

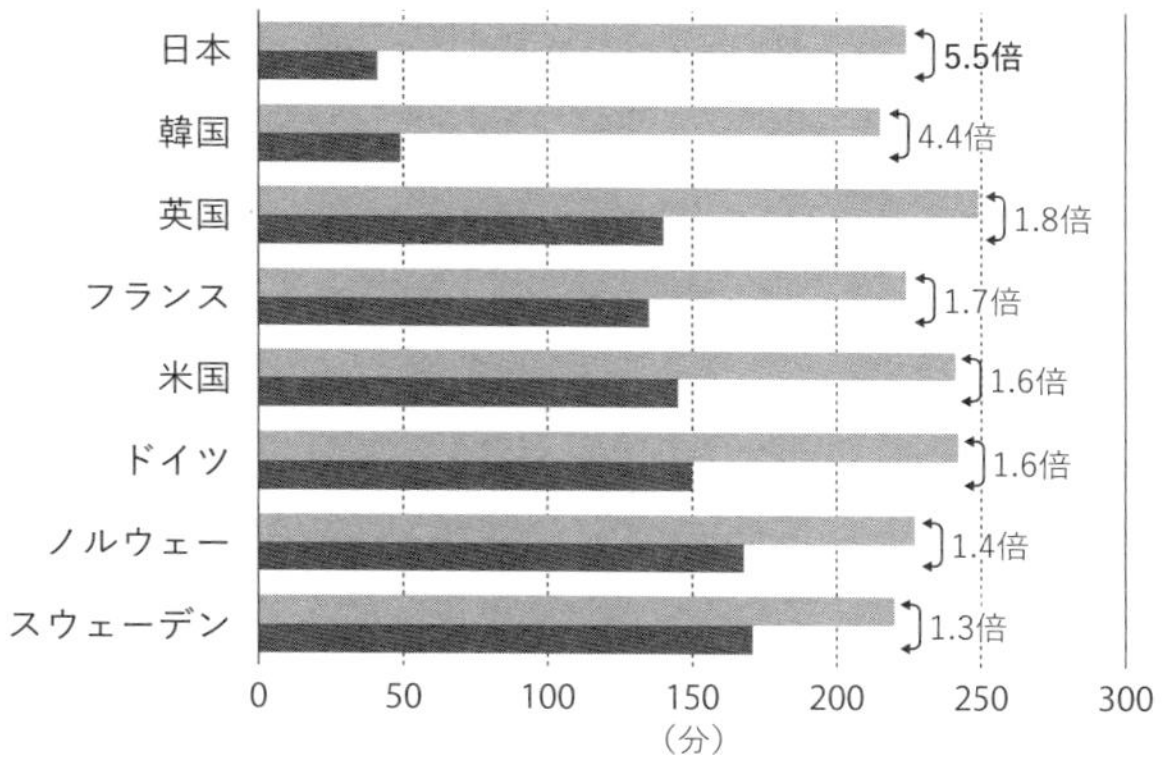

図表3-Ⅵ-1　無償労働時間の国際比較（週平均1日当たり）
出所：内閣府「男女共同参画白書 令和5年版」

一方、企業においては、ジェンダーに関係なく社員が育児や介護を抱えて休業を取得したりしても、キャリアを継続して成長できる職場づくりが重要となる。

とりわけ、従来は女性に偏っていた家事・育児等の負担を、男性が主体的に担えるよう促すとともに、育児期の柔軟な働き方を拡充したり、多様なキャリア形成を支援することは、男女がともに仕事と家庭の両立を実現することにつながる。

また、企業経営を危機に強いレジリエントなものとし、マーケットの多様な価値観を包摂するイノベーティブなものとするために、企業経営の多様性は不可欠である。監督機関（モニタリング型の取締役会や監査役会）のみならず、執行機関（マネジメント型の取締役会や執行役）においても、ジェンダーバランスの均衡が求められる。そのためには、多様性を意識したタレント・パイプライン（組織内での昇進の経路や仕組み）の強化が必要不可欠である。

加えて、第3章－Iで述べた「年収の壁問題」の解消や、男女間の賃金格差の解消も喫緊の課題である。本来、仕事の能力とそれに対する評価は、家族構成や出産・育児・介護に伴う休職等によって左右されるべき問題ではない。従業員の結婚や出産を祝うことや、子どもを扶養する従業員に生活上の手当を支給すること、従業員の働き方に応じた処遇をすることはあって然るべきである。ただし、能力や成果に応じた評価は公平に行われるべきである。公平な評価・処遇が、持続可能で全ての人が活躍できる社会の基盤となるだろう。

4　外国人材の活躍推進

２０４０年の日本社会では、国籍に関係なく、世界各国から優れた才能や技能、新しい価値観を持った人材が集まり、活躍することで、イノベーションと社会課題の解決が加速し、産業競争力の強化と持続的成長に貢献している必要がある。[7]

とりわけ、国際的な人材獲得競争が激化するなかでは、有為な外国人材が日本で働くことを選び、活躍できる環境を整えることが最も重要である。

こうした考え方の下で外国人政策を推進していくためにまず必要となるのは、外国人政策に関する基本法の制定である。日本では、外国人政策に関する基本法は未だ存在していない。新たに制定する基本法では、出入国在留管理及び難民認定法（入管法）、外国人材の受入れ・共生のための総合的対応策、[8]外国人雇用管理指針等、外国人政策に関連する様々な法制度・施策に通底する基礎的な理念を示すことが不可欠である。さらに、出入国・在留管理、雇用管理、定住化、社会統合等を視野に入れて、目指すべき姿、国や地方自治体の推進体制、さらには地域に根差した支援団体等と地域社会との協力のあり方等を明確化する必要がある。

また、外国人の受入れにあたっては、単に「受け入れるか否か」ではなく、有為な人材を戦略的に「誘致する」という発想への転換が求められる。とくに、国際的な人材獲得競争の激化と人口動態・産業構造の変化等を踏まえれば、高度人材・現場人材ともに日本の産業競争力の強化・持続的成長に必要なターゲットを明確に定め、その誘致に注力すべきである。また、外国人の受入れは、日本の経済社会の将来像を見据え、「どのタイミングで、どんな人をどのくらいの期間受け入れるのか」について事前に検討し、質と人数の両面で十分にコントロールされた秩序あるものとする必要がある。

加えて、こうした考え方の下で外国人政策を建設的かつ効果的に推進していくためには、データに基づいて必要な施策を企画・立案し、一元的に推進できる司令塔機能が必要である。政府は、2019年に出入国在留管理庁を設置したものの、施策の一元化やリーダーシップの発揮には未だ課題が残る。省庁の縦割りを排除し、横断的な施策を打ち出していくためにも、政治の強力なリーダーシップの発揮が求められる。

また、「外国人」と一言で表現しても、取得している在留資格は様々であり、在留資格ごとに推進すべき施策は異なる。具体的には、高度人材、現場人材、留学生それぞれが直面する課題を丁寧に把握し、解決策を講じていくことが必要である。

第一に、高度人材については、国として必要な人材のターゲットを明確化し、戦略的・集中的に誘致活動を行う必要がある。とくに、スタートアップの振興に資する起業家やデジタル人材などイノベーションをもたらしうる人材に日本が「選ばれる国」となることは不可欠であり、こうした人材が魅力的と思うような在留制度・環境を整備していくことが欠かせない。

例えば、近年、ライフスタイルや結婚観の変化等により、欧米を中心に事実婚・同性婚・養子縁組はじめ家族のあり方が多様化している。日本の婚姻・家族制度に基づく出入国在留管理制度では、こうした多様な家族関係のあり方に十分対応できず、優秀な人材が日本で活躍する機会を奪う結果となり得る。したがって、有為な外国人材から「選ばれる国」となるためには、ライフスタイルや価値観の多様性を踏まえた在留制度の整備が欠かせない。

第二に、現場人材に関する制度設計である。これについては、２０２４年６月に入管法等が改正され、技能実習制度を発展的に解消して、人材育成と人材確保を目的とする「育成就労制度」が新たに創設された。これにより、これまで技能実習制度において指摘されてきた課題を解消するとともに、育成就労制度と特定技能制度に連続性を持たせることで、外国人が日本で就労しながらキャリアアップできる分かりやすい制度を構築し、長期にわたり日本の産業を支える人材を確保することを目指している。とりわけ、熟練した技能を要する特定技能２号は、育成就労や特定技能１号で認められていない家族の帯同が認められていることに加え、永住権[9]取得の道も開かれる。有為な人材の育成・定着を見据えて、育成就労から特定技能２号への円滑な移行に向けた制度を設計していくとともに、外国人のキャリア形成に向けた支援を講じていく必要がある。具体的には、受入れ対象となる育成就労産業分野や特定技能制度における特定産業分野、これらの受入れ見込数等については、客観的なデータに基づき、透明性の高いプロセスを通じて決定するとともに、柔軟な変更が可能な制度設計としていくことが求められる。加えて、外国人の受入れにあたり、日本語能力の向上に資する支援等、外国人のキャリアアップに向けた取り組みを行う優良な事業者や監理支援機関に対するインセンティブ措置を講じていくことや、特定技能２号まで見据えた場合、帯同する家族への日本語学習環境の整備を行っていく必要がある。

第三に、留学生については、高度外国人材確保の有力な手段であり、誘致から国内での就職・起業、そして定着まで、より「面的」な施策を展開する必要がある。他方で、日本における留学生の90％以上はアジア地域出身者であり、研究・教育現場・就職先での多様性を確保していくためにも、第3章‐Vでも示した通り、大学の国際化を含めたグローバルリーダーの育成に資する施策を推進し、より幅広い国・地域からの優秀な外国人留学生の受入れを行っていく努力が欠かせない。

近年、日本に在留する外国人は、より長期で在留する傾向にあり、それに伴い在留施策も転換期を迎えている。中長期を見据えれば、外国人もまた日本人と同様に、就学、就職、結婚・出産・子育て、親族の介護、退職等を経て、余生を過ごすライフコースを日本で歩んでいる。現在の日本の出入国在留管理政策は、外国人の留学や就労を念頭に設計されているが、今後は、ケア（子育てや介護）や外国人本人の老後（年金や終末期医療を含む）も念頭に置いた施策を検討していくことも必要となる。出入国のみに焦点を当てた既存の「点的」な政策や、一部在留資格について追跡する線的政策から大きく転換し、外国人個人のライフコース全体を俯瞰した、「面的」な政策を検討・立案・実施していく必要がある。

5 労働法制の見直し

前述の通り、今後、産業構造の変化や働き手のニーズの多様化がさらに進展すると見込まれることから、労働時間をベースとしない処遇を可能とする労働時間法制の適用労働者を増やし、労働者が存分に能力を発揮できる環境を目指さなくてはならない。そこで、日本の労働時間法制の原則を大胆に見直す。企画職や研究職など、働く時間や仕事の進め方等をある程度自らが選択して働くことができる職種（いわゆるホワイトカラー）を対象に、労働時間ではなく成果で評価・処遇を決められる、新しい労働時間法制を創設する（以下、本制度）。すなわち、労働時間法制の原則を、本制度と現行制度（労働時間が成果と比例する働き手を前提とした制度）の二つに複線化する。本制度は、既存の裁量労働制、高度プロフェッショナル制度等を包摂するものとして位置付ける。本制度の適用労働者はウェアラブル端末の活用などにより、現在より簡素な形で健康を確保することができることになる。

現在、日本のホワイトカラーに占める時間規制の例外措置対象者割合は、20・9％にとどまるが、先端産業を牽引し労働生産性・国民一人当たりＧＤＰが日本よりはるかに高い米国では54・7％にのぼる。[10] 本制度の活用により、米国並み、あるいは必要に応じてそれ以上の適用割合まで拡大を目指すべきである。

また、円滑な労働移動の推進・定着を図るなかで、雇用のセーフティーネット強化の観点から、労働法制を見直す視点も欠かせない。現在、不当な解雇に直面した労働者が訴訟を提起する場合、地位確認請求による職場復帰を求めることが原則だが、本人の意思に基づき、十分な補償を受けたうえで労働契約を解消できる新たな救済の選択肢を設けることが急務である。政府が検討している「解雇無効時の金銭救済制度」は、労働契約解消金の上下限の設定が想定されており、紛争解決に向けた予見可能性が高まるとともに、斡旋《あっせん》や労働審判における解決金の水準にも良い影響を与えること[11]が期待できるため、早期の制度創設が求められる。

なお、同制度の創設は、解雇の有効・無効の判断を何ら左右するものではないが、現行の労働契約法16条（解雇権濫用法理）は抽象的な条文であり、その判断は不明瞭である。円滑な労働移動に向けて働き手・政府・企業がそれぞれの役割を果たしていくなかで、雇用条件や企業特性等に応じて、労働契約の終了に関する考え方を整理したガイドラインを策定し、規制の明確化を図る必要がある。

1 ＪＩＣＡ「２０３０／40年の外国人との共生社会の実現に向けた取り組み調査・研究報告書」（２０２２年３月）

2 パーソル総合研究所「働く10000人成長実態調査2022 20代社員の就業意識変化に着目した分析」（2022年8月）によると、20~30代の社員では、好きな時間・好きな場所で働くことを希望する割合が増加傾向にある。特に20代前半でこの傾向が強く、約52%が「好きな時間に働きたい」、約44%が「好きな場所で働きたい」と回答している。

3 厚生労働省新しい時代の働き方に関する研究会「報告書 参考資料（労働者の働き方・ニーズに関する調査について（中間報告））」（2023年5月）

4 例えば、厚生労働省「令和5年就労条件総合調査」（2023年10月）によると、全労働者に占める裁量労働制適用者割合は、専門業務型で1・1%、企画業務型で0・2%である。

5 パートタイム・有期雇用労働法8条の「均衡待遇規定」（旧労働契約法20条）は、同じ企業における正社員と有期雇用等労働者との間で、①職務内容、②職務内容・配置の変更範囲、③その他の事情を考慮して不合理な待遇差を禁止している。同法9条の「均等待遇規定」は、①職務内容、②職務内容・配置の変更範囲が正社員と有期雇用等労働者との間で同じ場合、待遇の違いを設けることは差別的取扱いとして禁止している。大企業は2020年4月、中小企業は2021年4月より施行されている。

6 厚生労働省「令和5年高年齢者雇用状況等報告」（2023年12月）によると、2023年6月時点の65歳までの高年齢者雇用確保措置の実施済み企業における雇用確保措置の内訳は「定年制の廃止」が3・9%、「定年の引上げ」が26・9%、「継続雇用制度の導入」が69・2%となっている。

7 経団連提言「Innovating Migration Policies―2030年に向けた外国人政策のあり方―」（2022年2月）において、外国人政策に関する包括的な経団連の考え方を提言。

8 「外国人材の受入れ・共生に関する関係閣僚会議」において策定し、毎年改訂。外国人材を適正に受け入れ、共生社会の実現を図ることにより、日本人と外国人が安心して安全に暮らせる社会の実現に寄与するという目的を達成するため、外国人材の受入れ・共生に関して、目指すべき方向性を示すもの。

9 「永住許可に関するガイドライン」（２０２４年11月改訂）によると、外国人が永住権を取得するには、「原則として引き続き10年以上本邦に在留していること。ただし、この期間のうち、就労資格又は居住資格をもって引き続き5年以上在留していること」が要件となっている。

10 経団連事務局試算。日本のホワイトカラー労働者の割合は、「国勢調査就業状態等基本集計」における、「管理的職業従事者」「専門的・技術的職業従事者（一部除く）」「事務従事者」「販売従事者」より推計。時間規制の例外対象者の割合は、①「就労条件総合調査」における「専門型業務裁量労働制従事者」と「企画型業務裁量労働制従事者」、②「高度プロフェッショナル制度に関する報告の状況」における「従事者」、③「賃金構造基本統計調査」における「部長級」「課長級」の役職分類の従事者より推計（すべて２０２０年データ）。米国のホワイトカラー労働者の割合・時間規制の例外措置対象者の割合は、米国国勢調査局実施調査をもとに推計されたデータ（２０２３年データ）をもとに作成。

11 労働政策研修・研究機構の調査によれば、バックペイ（解雇無効時に企業が従業員に支払わなければならない金額）を含む解決金額（月収表示）を中央値でみると、斡旋では1・1か月分、労働審判では4・7か月分、裁判上の和解では7・3か月分となっている。解雇等紛争事案が発生してから問題が解決するまでに要した期間の中央値がそれぞれ2・1か月、6・6か月、18・3か月であることを考慮すれば（「労働政策研究報告書№２２６」２０２３年3月）、現状の解決金の水準は低廉と評価せざるを得ない。この水準の低さのために、不当解雇に泣き寝入りするケースが少なくない。

第３章－Ⅶ

経済外交

目指すべき姿

- 分断が進む世界にあっても、法の支配に基づく自由で開かれた国際秩序の維持・強化のための取り組みが継続している
- わが国は、主体的な外交を通じて、同志国を含む複数国間の協力やルールづくりなどで共同リーダーシップの形成・発揮に存在感を示すとともに、グローバルサウス諸国からも必要なパートナーとして選ばれる国となっている
- 戦略的自律性の確保、戦略的不可欠性の維持・獲得等を通じて、国力[1]を総合的に強化することによって、“small yard, high fence”[2]の原則の下、「開かれた貿易投資立国」としての地位を確立している

政府の役割

- 国際ルール違反への国際ルールに基づく毅然とした対応。環境変化に対応したルールづくりの提案、諸外国への働きかけ
- 同盟国・同志国に加え、社会課題の解決支援を通じてのグローバルサウスとの連携の強化。それら以外の主要国との間での戦略的なコミュニケーションの強化と、懸案事項の解決を通じた協力の推進
- 食料・資源・エネルギー等の特定国への過度な依存の回避と、それらの安定供給の確保

■優位性・不可欠性獲得のための技術の開発・普及への支援。それら技術の適切な管理
■ヒト、モノ、カネの諸外国からの流入に対して開かれた環境の整備

企業・経済界の役割

■各国経済界との連携、ルール遵守、ルールづくりに向けての諸外国政府・国際機関への働きかけ
■人材の育成・交流、質の高いハード・ソフトのインフラ展開等を通じてグローバルサウスの社会課題の解決に貢献
■経営リスクの的確な把握、研究開発対象の選定、投資先・取引先の選定、サプライチェーンの構築等に係る経営判断の適切な反映

法の支配に基づく自由で開かれた国際秩序が大きく揺らいでいる。国際秩序の形成・維持を主導してきた米国が影響力を低下させる一方、中国が国力を増強し、台頭するなかで両国間の戦略的競争が激化している。また、ロシアは国連安全保障理事会常任理事国であり、当然、主権と領土の一体性の尊重という国際連合憲章の原則を率先して体現しなければならないにもかかわらず、ウクライナを侵略するなど、あからさまに国際秩序に挑戦する行為がみられる。ま

た、イスラエルとハマス等との戦争もいまだ終息していない。

さらに、経済面では、多角的貿易体制の中核である世界貿易機関（ＷＴＯ）は、ルールの策定や履行監視、紛争の解決といった機能を十分に果たしておらず、その改革を力強く牽引する加盟国・地域も見当たらない。「２０２４年までに全ての加盟国が利用できる完全なかつよく機能する紛争解決制度の実現を目指す」との合意も空しく越年した。[3] こうしたなか、「グローバルサウス」と呼ばれる新興国・途上国が台頭し、彼らの主張・世界観を考慮せずして国際秩序を維持・強化することは非現実的となっている。

以上の現状を踏まえれば、２０４０年において、法の支配に基づく自由で開かれた国際秩序が維持・強化され、国際社会が平和と安定を享受し、その下で日本が持続的に発展する姿を想定することは、楽観的に過ぎるであろう。他方、世界的なリーダーシップ不在のいわゆる「Ｇゼロ」の下で分断と対立が歯止めなく進む世界を想定することは、将来世代から無策・無責任の誹りを免れない。

そのため、２０４０年において、法の支配に基づく自由で開かれた国際秩序の維持・強化が、完全には実現していなくとも、そのための取り組みが継続されている世界を「目指すべき姿」として想定する。

そうした慎重ながらも楽観的な姿勢で将来を見通した場合、まずもって今なさなければならないことは、これ以上の分断を食い止めることである。

ＷＴＯのエコノミスト等による試算[4]によれば、世界が二分された場合（full rivalry scenario）、世界の実質ＧＤＰは２０２０〜50年で▲５・44％、即ち日本一か国分がほぼ消失するほどのマイナスの影響がある。国・地域別に見ると、先進国（▲３・97％）より途上国（▲６・55％）の方がマイナスの影響が大きく、地域では日本（▲５・86％）を含むアジアが世界を上回る大きな影響を被ることになる。日本の採るべきアプローチを考えるにあたって、この試算は示唆的である。即ち日本は先進国・地域のなかで分断の影響を最も受ける国の一つであり（米国▲２・63％、ＥＵ▲３・89％）、国際秩序の維持・強化に貢献する意思と能力のあるグローバルサウスを含めた国・地域と協力して、主体的かつ率先して分断を食い止める役割を果たさなければならない。このことは、「少子高齢化・人口減少」と「資源を持たない島国」という課題をわが国が克服するうえでも不可欠である。

２０４０年において、わが国が、分断の進行をできる限り回避し、自由で開かれた国際秩序の維持・強化に貢献するためには、それを揺るがしている要因に適切に対処しなければならない。

具体的には、第一に、米国の影響力の後退を補うべく、欧州諸国をはじめとするＧ７各国・地域や、その他の同志国も加えた複数国と手を携えて共同リーダーシップの主要な一角を担うことである。

第二に、既存の国際ルールを最大限に活用するとともに、環境の変化に対応して新たなルールづくりを積極的に提案し、それを核に諸外国・地域との連携や協力を進めることである。

第三に、多数派を形成するうえでも、国際場裡で存在感を高めているグローバルサウス諸国が抱える社会課題の解決への貢献を通じて、必要なパートナーとして選ばれる国となることである。

これらについて、今後十数年で一定の成果を得なければならない。

以上と並行して、わが国が主体的な経済外交を推進するための基盤として、総合的な国力を強化する必要がある。特に各国が競争力強化に鎬《しのぎ》を削るなかにあって、強い発言力・影響力を持つためには、戦略的自律性の確保と戦略的不可欠性の維持・獲得が不可欠である。[5] そのためにも、国内市場が一か国で自立できる程大きくなく、また、食料・資源・エネルギー等に乏しいわが国は、輸出や投資を通じて海外との結びつきを強めるだけでなく、世界中からヒト・モノ・カネを惹きつける「開かれた貿易・投資立国」となっていなければならない。

以上が、わが国が目指すべき姿である。以下では、わが国が直面する経済外交上の課題と、必要な施策について、詳述する。

現状認識

1　深まる分断・対立

米中二大大国の経済規模が接近するなかで（図表３－Ⅶ－１）、先端技術を中心とした両国間の戦略的競争が激化し、同盟国・同志国をも巻き込む形で分断・対立が深まっている。並行して、国家規模の紛争も増加している（図表３－Ⅶ－２）。とりわけロシアによるウクライナ侵略は、主権および領土の一体性の尊重という国連憲章の原則をあからさまに踏みにじる行為であり、「力による支配」を目指すものである。また、わが国周辺でも、力による一方的な現状変更や、その試みが見られ[6]、かつ、東アジアにおいて、日本の防衛費のシェアが、２０００年から２０２０年にかけて半減する

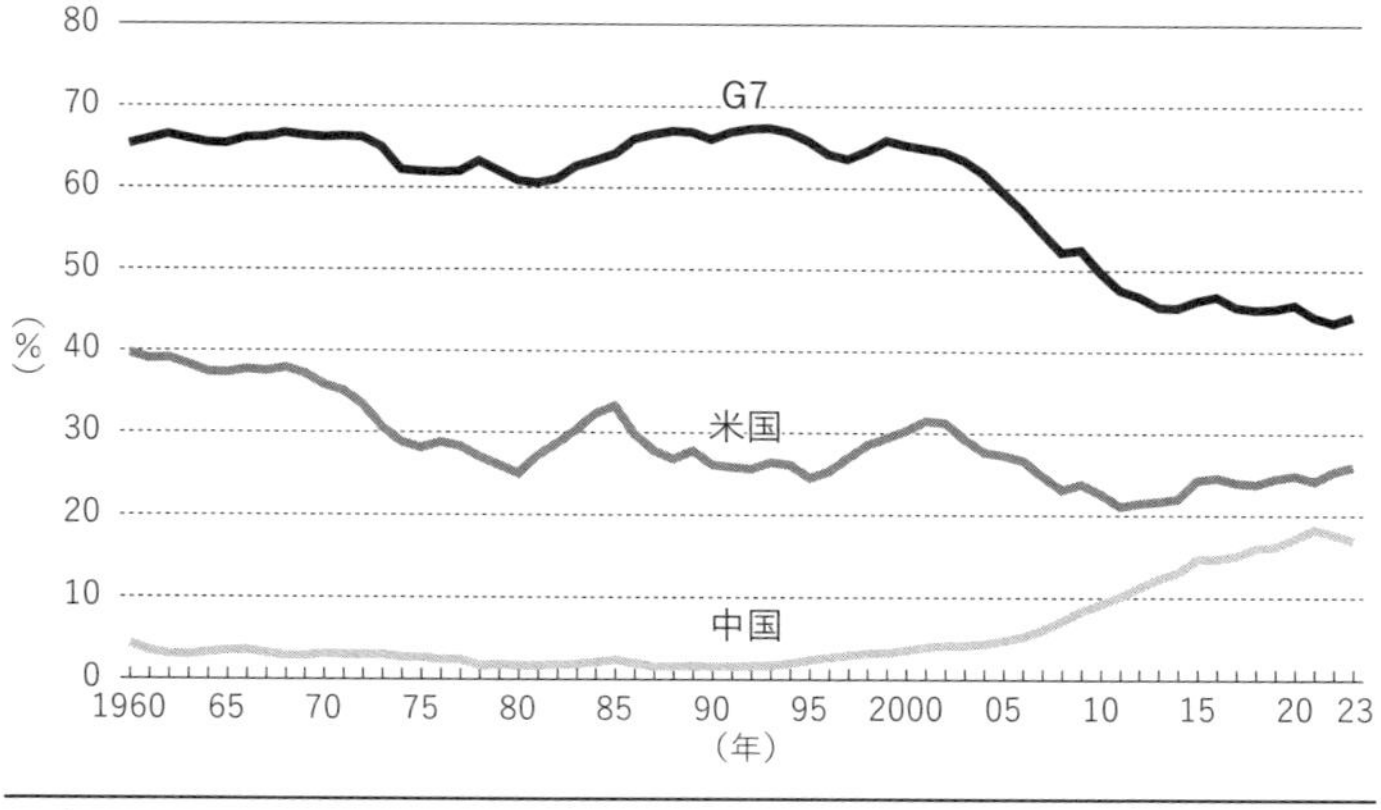

図表３-Ⅶ-１　米・中・G7のGDPが世界に占める割合
出所：世界銀行「GDP（current US$）」（2024年10月確認）

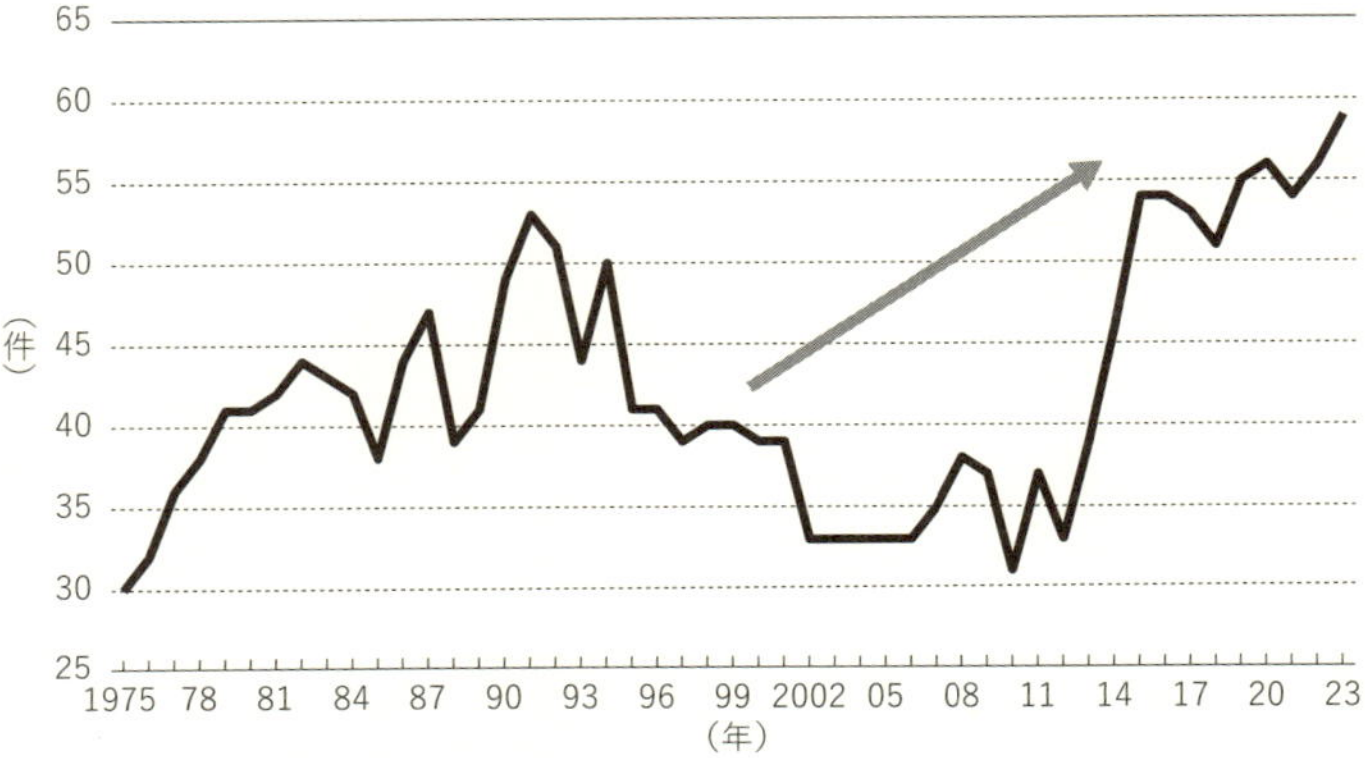

図表3-Ⅶ-2　国家規模の紛争件数
出所：ウプサラ紛争データプログラム（2024年10月確認）

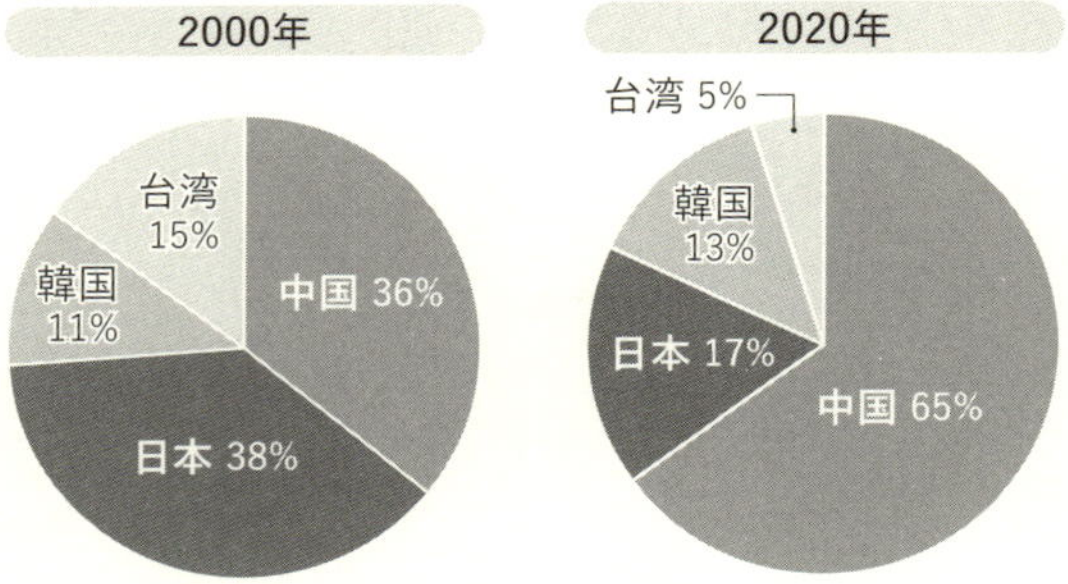

図表3-Ⅶ-3　東アジアにおける防衛支出のシェア
出所：防衛省防衛研究所『東アジア戦略概観2022』（2022年３月）

など、東アジアにおける安全保障環境は厳しさを増している（図表３-Ⅶ-３）。ウクライナが置かれた現状は、日本にとって決して他人事ではない。法の支配に基づく国際秩序の維持・強化を目指す中にあって、力による支配を断じて許してはならない。

経済分野においては、ＷＴＯのルールに反する可能性のある貿易制限的な措置が増加しており、経済関係を逆手にとって、貿易制限措置等や、それを仄めかすことによって、他国の政策決定に影響を及ぼそうとする経済的威圧行為が採られるようにもなっている。

2 機能低下が目立つグローバル・ガバナンス

このように世界で分断と対立が深まるなかにあって、国連安全保障理事会は、効果的に対応することができず、その限界を露呈している。地域の集団防衛機構である北大西洋条約機構（ＮＡＴＯ）は、非締約国であるウクライナへのロシアの侵略という暴挙に対して、ウクライナを支援するものの、集団的自衛権を行使することはもちろんできない。

また、多角的貿易体制の中核であるＷＴＯは、その機能を十分に発揮できていない。ＷＴＯ協定では、安全保障に関する措置を自由貿易の例外と位置付けているが、近年、その例外措置が採られるケースが散見されている。加えてＷＴＯは、経済的威圧行為を抑制し、それらに対抗する術を欠いている。ＷＴＯ協定の履行監視機能も十分に働いておらず、紛争解決機能を担う上級委員会も機能不全に陥っている。さらに、一か国でも反対する国があると合意ができないコンセンサスによる意思決定方式を採用しているため、紛争解決手続を伴った形の実効性のあるルールを新たに策定することが困難となっている。

3 同盟国・同志国を超えた連携の必要性

前掲図表3－Ⅶ－1に示されるように、G7を中心とした先進国のプレゼンスが相対的に低下する一方、インドやブラジルをはじめとするグローバルサウス諸国の台頭が著しい。グローバルサウス諸国合計の経済規模は、2050年にかけて米中両国を上回る見込みである。[7] 加えて、グローバルサウスは、産業活動や日常生活に不可欠な食料・資源・エネルギーを豊富に有している。このようなグローバルサウス諸国は、今後、国際場裡でますます発言力を増していくことが想定される。一方、これら諸国は、自然災害、紛争、難民、食料・医療不足といった社会課題を抱えており、これらの解決は、世界の持続的発展を確保するうえで欠かせない。

わが国が国際社会において法の支配に基づく自由で開かれた国際秩序の維持・強化を追求していくにあたり、連携相手としてグローバルサウス諸国を加えていくことが不可欠である。とりわけ、食料・資源・エネルギーに乏しいわが国は、グローバルサウスから、それらの安定的な供給を確保できるような信頼関係を築く必要がある。また、グローバルサウスの成長活力を取り込むことは、わが国の経済力を強化するためにも重要である。

以上を踏まえれば、グローバルサウス諸国との連携は、わが国の経済外交にとって最重要課題の一つである。ただし、グローバルサウスと一口に言っても、各国が置かれた状況は様々である。そうしたことの反映として、ロシアによるウクライナ侵略を明確に非難せず、態度を曖昧にする国も存在する。また、資源・エネルギーの賦存《ふぞん》状況、政治体制および経済・社会情勢等も国・地域によって様々であることから、それぞれの国・地域の事情を踏まえたテーラーメイドの対応が求められる。[8]

施策

1　国際的なルールの整備等[9]

(1)国際ルール違反に対する毅然とした対応

法の支配に基づく国際秩序を維持・強化するためには、国際ルールへの違反行為に対しては、国際ルールに則って毅然と対応することによって、グローバル・ガバナンスの形骸化を防ぐとともに、ルール違反行為の再発を抑止することが重要である。

即ち、WTO協定に違反している可能性が高い措置を行っている国に対しては、わが国として、アンチダンピング[10]や補助金相殺関税[11]、セーフガード[12]といった協定上認められた貿易救済措置を機動的に発動し、公正な競争を期すべきである。また、相手国が経済連携協定（EPA）・自由貿易協定（FTA）締結国であれば、当該協定で定められた貿易救済措置を活用すべきである。

また、ルールに基づいて紛争を解決するためには、WTO紛争解決手続を活用すべきではあるが、前述の通り、第二審にあたる上級委員会が機能不全となっていることから、まずはその改革が急がれる。また、わが国としては、改革の進展を待つだけでなく、同時に、第一審に相当するパネル（小委員会）協議を活用するとともに、多数国間暫定上訴仲裁アレンジメント（MPIA）[13]参加国との間では、同アレンジメントをも活用していくべきである。さらに相手国がEPA・FTA締結国であれば、それら協定の紛争解決手続を活用していくべきである。

(2) 新たな課題に対応した国際ルールの整備等

環境の変更等に伴い新たな課題が生じるなかにあって、既存の国際ルールでは対応が不可能あるいは不十分な場合には、新たなルールを率先して提案すべきである。

(i)二国間・複数国間のルール整備等

世界の分断に歯止めをかけるにあたって、多国間(マルチラテラル)のコンセンサス形成が困難な状況にあっては、共通の関心・利害を共有する複数国間(プルリラテラル)、それも難しい場合には二国間(バイラテラル)で、ルールづくりを進める必要がある。

例えば、貿易投資に関しては、ヒト・モノ・カネの双方向の移動の円滑化に資するEPA・FTAの一層の拡大・深化が重要である。EPA・FTAは、WTO体制下の最恵国待遇の例外として、適切な相手国を「選ぶ」ことができる点で、経済安全保障が求められる時代にも有効な政策ツールである。

この点、2018年12月に発効した「環太平洋パートナーシップに関する包括的及び先進的な協定」(CPTPP)[14]は、「環太平洋パートナーシップ協定」(TPP)から米国が離脱した後のリーダーシップの空白を日本が埋める形で主導して実現したものであり、貴重な外交資産とも言える。これをさらに「自由で開かれたインド太平洋」(FOIP)、そして将来的には米国を含めた形での自由で開かれた国際経済秩序の柱と位置付け、高水準のルールを満たすことができるエコノミーの加入拡大とルールの一層の整備に取り組むことが不可欠である。2024年12月には英国が加わり、12か国となったのに加えて、これまでに7つのエコノミー[15]が加入申請済みである。今後、韓国、タイ、フィリピン、中長期的にはインドの加入を促していくべきである。また、CPTPPにおいて、経済的威圧行為を抑止するとともに、威圧を受けた国の救済および威圧行為国への対抗手段を規定するなど、前身のTPPの大筋合意から10年、米国が離脱した11か国によるTPP（その後のCPTPP）の大筋合意から8年が経とうとする今、国際関係の現実に合わせたルールの深化・現代化が求められる。具体的には、インド太平洋経済枠組み（IPEF）の規定を取り込みつつ、貿易円滑化を図り、サプライチェーンに関するルールを整備するほか、データの自由流通に関するルールの拡充（アルゴリズムの開示要求禁止の追加[16]、ガバメントアクセスに関する規定の検討等[17]）、産業補助金の規定を新設するとともに、国有企業・強制技術移転[18]の規定も活用しつつ市場歪曲的慣行への対応に取り組むことが重要である。

また、地域的な包括的経済連携（RCEP）協定[19]の深化、日中韓FTAの締結に向けて取り組むとともに、中東湾岸諸国・南米諸国を中心とするグローバルサウス諸国とのEPA・FTA締結も推進し、自由で公正な貿易投資をできるだけ広域に拡大していく必要がある。RCEP協定については、参加国による透明性のある履行の確保を徹底するとともに、関税については、一部の参加国間で関税削減の対象外となっている品目を削減の対象とすること、あわせて、段階的関税撤廃が定められている品目については、スケジュールを前倒しすることが重要である。ルールについては、投資家対国家の紛争解決（ＩＳＤＳ）の導入など積み残しの課題に対応することが求められる。また、日中韓ＦＴＡについては、物品・サービス貿易および投資の自由化ならびにルールの両面でＲＣＥＰ協定より相当程度レベルの高い内容とする必要がある。

貿易投資以外の分野においても、多国間のコンセンサス形成が難しい場合、あるいは似たような状況に置かれた国同士においては、複数国間の協力を通じてルールを形成することが重要である。例えば、温室効果ガスの削減に関しては、アジア・ゼロエミッション共同体（ＡＺＥＣ）におけるルール形成やファイナンスといった政策協調[20]を進めるべきである。また、デジタル技術に関しては、経済協力開発機構（ＯＥＣＤ）等の場を通じて、「信頼性のある自由なデータ流通」（ＤＦＦＴ）やＡＩに関する国際ガバナンスの確立を進めるべきである。

(ii)ＷＴＯ改革の推進

ルールに基づく多角的貿易体制の中核であるＷＴＯは、自由で公正な貿易投資の推進を通じた世界経済の成長を支える重要インフラとして必要な機能を果たすことが求められる。ルール策定、協定履行監視、紛争解決の各機能を回復させるために、ＷＴＯ改革を推進する必要がある。

とりわけ、ＷＴＯ加盟国・地域間の紛争解決手続の機能回復が急務である。また、１６６の加盟国・地域のコンセンサスによる意思決定は、新たなルール策定を困難にしており、その方式を維持する限り、共同声明イニシアチブ等の有志国による取り組みによって一定のルールに合意したとしても、WTO協定化は困難と言わざるを得ない。加盟国・地域からは、意思決定に対するブロック行為を抑止するため、「責任あるコンセンサス」[21]を求める意見が出されているが、十分な理解を得られていないのが現状である。こうしたなか、わが国こそ、コンセンサスに代わる意思決定方式を提案し、議論を主導すべきである。当面、整備が期待される新たなルールとしては、例えば、市場歪曲的な産業補助金ならびに電子商取引に関するものが挙げられる。

現行のWTO（WTO1・0）について、修正すべきは修正し、「WTO2・0」の構築を目指すべきである。具体的には、一定の基準[22]にコミットする国・地域が参加し相互に内国民待遇[23]を付与する「自由で公正な貿易投資クラブ」を立ち上げることが考えられる。また、関税および貿易に関する一般協定（GATT協定）21条の安全保障例外を見直し、安全保障の名目の下に実施される貿易制限措置を抑制するとともに、一定の要件の下で対抗措置を可能とすべきである。そのうえで、「自由で公正な貿易投資クラブ」やEPA・FTAを拡大し、それらで規定した高い規律をWTO1・0に取り込んでいくとともに、EUやASEAN等の意思決定方式も参考に、現行のコンセンサスによる意思決定方式を見直すなどの改革を推進することによって、WTO2・0を構築すべきである。

(iii)「東京効果」の創出

以上、プルリ、バイ、マルチの取り組みを組み合わせ、重要性を増す経済安全保障の要素をも取り込んだ強靭かつ自由で開かれた貿易投資体制のあり方をわが国が発信することによって、ルールづくりをリードすべきである。

このように、わが国が国際的なルールづくりにおいて、リーダーシップを発揮することで、「東京効果」を生み出せると考えられる。EUの規制がEU域外の国々や企業に影響を与え、これらの国々や企業がEUの規制を自主的に遵守する現象をブリュッセル効果と呼ぶが、これと同様の効果を目指すべきである。わが国には、ブリュッセル効果の発生条件として真っ先に挙げられる大規模な市場[24]は存在しないが、その点を補ううえでもEPA・FTA等を通じた市場統合やグローバルサウスとの連携強化が求められる。

わが国経済界としては、諸外国の経済界と連携し、WTOを中心とする自由で開かれた貿易投資体制の重要性を訴求し、改革機運の醸成に貢献していくとともに、既存ルールの遵守、新たなルールづくりを諸外国政府・国際機関に働きかけていく。

2 グローバルサウスとの連携の強化[25]

法の支配に基づく自由で開かれた国際秩序を維持・強化するためには、それを支持する国・地域を増やす仲間づくりが必要であり、グローバルサウスとの連携強化は不可欠である。その際、グローバルサウスの置かれた状況は国・地域によって様々であることから、主要国・地域別に方針を打ち立てる必要がある。また、グローバルサウスのすべての国と連携を強化することは現実的でも、効果的でもない。このため、重点を置いて取り組むべき国・地域を選定し、限られた政策資源を集中投下することが重要である。その際、G20に参加するグローバルサウスの国々（ブラジル、インド、インドネシア、南アフリカ等）は、その対象に含まれるべきである。加えて、グローバルサウスの潜在的な成長性や国際的な地位の向上を背景に、諸外国はわが国を上回るスピード感を持って連携を強化していることに留意すべきである。こうした中、わが国がグローバルサウスの国々に寄り添い、彼らが抱える社会課題の解決に向けて、如何に魅力的かつ実効的な提案を行い、実績を積むことができるか、その点が選ばれる国となるための鍵を握っている。これらの考えに基づき、以下の施策を実行すべきである。

企業としては、人材の育成・交流、質の高いハード・ソフトのインフラ展開等を通じて、グローバルサウスが抱える社会課題の解決に貢献していく。

⑴総理等のトップ外交

総理や国務大臣による外遊、要人の日本への招聘など、相手国・地域との対話や交流の機会を増やすとともに、それらの機会にわが国企業が参加・関与する可能性をあわせて追求すべきである。

⑵官民フォーラムの開催

相手国・地域の経済発展戦略等の策定段階において、彼らが直面している社会課題を把握し、それらの解決のために、わが国とわが国企業が提供可能な技術・製品・サービス等を紹介・提案することによって、その解決に共に取り組む必要がある。そのため、前述のトップ外交等の機会を活用して、わが国と相手国・地域の官民が一堂に会する官民フォーラムを開催すべきである。[26] また、同フォーラムを定期的に開催することによって、案件のフォローアップ体制を構築することも考えられる。

⑶ 質の高いインフラシステムの展開[27]

インフラシステムの展開にあたっても、前述の官民フォーラム等を通じて、相手国・地域の戦略・ニーズを上流段階で把握し、それらに見合った技術・製品・サービスを提供し、相手国と共に案件を形成していくことが有効である。その際、重要な役割を果たしている政府開発援助（ODA）プロセスを一層迅速化することにより、相手国・地域の社会課題の解決に出来る限り早期に着手することが重要である。また、各国が譲許性の高い支援（無償譲渡や低利融資）を展開していることから、わが国も、無償案件の割合を増加させる必要がある。さらに、ODA案件の形成段階からO&M（運営・維持管理）を含む形で予算措置を講じるなど、柔軟な運用が求められる。

加えて、グローバルサウス諸国の活力を取り込む形で、新たな産業やビジネス機会を共創すべく、①わが国にとって食料・資源・エネルギーの確保につながる事業、②わが国企業の展開が、当該国・地域の技術力向上や現地とのネットワーク深化等を通じてビジネス機会の獲得を加速し、わが国国内での新たな事業・サービスの創出にも寄与する事業等を対象に、事業展開のための施設・設備の実装に向けた支援策を導入・拡充するなど、わが国企業によるリスク対応能力を高めるための公的支援も求められる。

⑷国際ルール・国際標準の形成

グローバルサウスのなかでも、特にインドやＡＳＥＡＮなどの国・地域と連携し、彼らのニーズをくみ取ったルールを国際的に広めていく、あるいは、Ｇ７諸国等とルールを形成する際に、グローバルサウスの国・地域の意見を反映することによって、汎用性の高い国際ルールを形成することが考えられる。[28] また、グローバルサウスの一国で採用した規格を他のグローバルサウスの国でも採用することとすれば、インフラシステムの円滑な導入に資するとともに、国際標準化が期待できる。国際標準化は、相手国・地域の実情や直面する社会課題に応じた付加価値の提供を容易にするプラットフォームともなり得るものである。

⑸第三国との協力

グローバルサウスの国・地域と連携を進めるにあたって、わが国単独でできることは限られることから、当該国・地域と密接な関係を有する第三国、あるいはわが国と同様の課題を抱える第三国と協力し、グローバルサウスの市場開拓、資源等の共同調達、ファイナンスの供与に取り組むことが効果的である。

(6) 人材の育成・交流[29]

人材の育成・交流に向けて、グローバルサウス諸国の留学生や研修生を一層受け入れていく必要がある。例えば、研修生の受け入れや企業研修を通じてアフリカの産業人材の育成に貢献している「ＡＢＥイニシアチブ[30]」のようなスキームをアフリカ以外の地域にも横展開することが考えられる。また、将来の政治的リーダーとなり得る人材、ＩＣＴ人材、起業家等の高度人材との連携を強化すべく、グローバルサウス各国のトップクラスの大学・研究機関との交流事業や共同研究等に技術協力のスキームを活用すべきである。

3 総合的な国力の強化

前述の1、2の施策の訴求・実現に向けて、主体的な経済外交を展開するためには、その基盤として、わが国の総合的な国力を強化することが不可欠である。以下、国家安全保障戦略が、わが国の安全保障に関わる総合的な国力の主な要素として掲げる、外交力、防衛力、経済力、技術力、情報力について述べる。

(1) 外交力

同盟関係にある米国に加えて、同志国、グローバルサウス等との連携を強化するとともに、それ以外の主要国・地域との間においても、戦略的コミュニケーション[31]を強化し、法の支配に基づく自由で開かれた国際秩序を維持・強化する目的のために一貫性をもった形で意図的にメッセージを発信すること、具体的な行動を採ることなどによって、その目的に反する行動や態度を控えさせる、あるいは変更させる必要がある。同盟国・同志国についても、各国においてリベラルな秩序へのコミットメントが薄らいでいるなかにあって、秩序の維持・強化のために、必要な規範や秩序に関して共通認識を再形成する必要がある。

具体的な行動としては、わが国が提唱したＦＯＩＰ、即ち、法の支配の下で同盟国・同志国をはじめとする多様な国家が共存共栄していく世界の実現を目指し、それらの国々との連携を強化すべきである。また、同地域における日米韓、日米比、日米豪印（ＱＵＡＤ）など複数国間の協力の取り組みを相互に連携させることによって、自由で開かれた国際秩序を維持・強化していく必要がある。さらに、ＣＰＴＰＰ等を通じて、それを経済面から補完していくべきである。

同盟国・同志国以外の主要国との間の戦略的なコミュニケーションについては、政治リーダー間をはじめ重層的なチャネルを確保し、対立と宥和のいずれにも陥ることなく、それら諸国の政策・行動について、是々非々を貫くとともに、わが国が自由で開かれた国際秩序を志向していることを不断に伝えていく必要がある。また、これら諸国との間には、懸案事項が生じることがあるが、むしろそれらの解決を通じて、協力を推進していくことも欠かせない。

(2) 防衛力

わが国を取り巻く安全保障環境が一層厳しさを増すなかにあって、わが国は国家安全保障戦略、国家防衛戦略、防衛力整備計画のいわゆる防衛三文書に基づき、防衛力強化を着実に進めるべきである。とりわけ、国家安全保障戦略において、「防衛力そのもの」と位置付けられた防衛生産・技術基盤を維持・強化する観点から、防衛産業の競争力向上に資する施策を展開する必要がある。

その際、国家安全保障戦略が掲げるように、「我が国を守る一義的な責任は我が国にある」、「拡大抑止の提供を含む日米同盟は、我が国の安全保障政策の基軸であり続ける」との基本的な原則を維持するとともに、特に東アジアにおける安全保障環境の変化に柔軟に対応できるよう、採り得る選択肢を広げておくことが重要である。

(3) 経済力・技術力

(i) 戦略的自律性の確保

国際的な発言力・影響力を高めるためには、戦略的自律性を確保することが不可欠である。即ち、食料・資源・エネルギー・医薬品等の戦略的に重要な物資の特定国・地域への過度な依存を回避し、それらの安定的な供給の確保である。その際、資源に乏しいわが国の現実を踏まえれば、自給率の向上や生産活動の自国回帰（オンショアリング）のみを追求することは現実的でもなければ、十分でもない。ＥＰＡ・ＦＴＡの拡大・深化等を通じた供給源の多様化などサプライチェーンの不断の強靭化に努めるとともに、２０２２年5月に成立した経済安全保障推進法に定められている通り、当該重要物資の使用量低減につながる生産技術の開発・改良、代替物資の開発、調達量低減につながるリサイクル等への支援、国による備蓄などあらゆる可能性を追求すべきである。あわせて、国民生活・経済社会活動の維持に不可欠な物の移動やサービスの提供、およびそれらに携わるエッセンシャルワーカーの移動を緊急時においても担保する国際的なルールの構築やシーレーンの安全確保等が求められる。[32]

また、基幹インフラについては、経済安全保障推進法において、事業者が国の定める重要設備を導入、あるいは維持管理等を委託しようとする場合、事前届出を行い、審査を受ける制度が導入されたが、事業者およびベンダーにかかる負担は重く、当該規制がリスクに見合ったものか否か注視していく必要がある。今後、同制度の運用を通じて得られる知見をもとに政府のインテリジェンスを強化することによって、リスクが高いと判断される設備を水際で管理するなど、事業者・ベンダーの負担の少ない方法に転換すべきである。

(ii)戦略的不可欠性の維持・獲得

戦略的自律性の確保と並行して、諸外国の国民生活や社会経済活動にとってわが国の存在が不可欠であるような分野を拡大することによって、わが国の戦略的優位性や不可欠性を維持・獲得する必要がある。具体的には、"small yard, high fence"の原則、即ち、わが国として開発推進あるいは流出防止に注力すべき技術分野を特定し、それらに重点的に投資する（育てる）、あるいはそれらを重点的に保護する（守る）ことが重要となる。

その際、「育てる」ことで「守る」という考え方に立って、懸念国等に技術が流出する頃にはその先の技術開発が実現しているような「攻めの研究開発」を目指していく必要がある[33]。

(4)情報力

国力の主な要素のなかで最も強化しなければならないのが情報力である。複雑かつ急激に変化する国際情勢について、情報の収集・分析・伝達・保全等のすべてにわたって強化が求められる。このうち、情報保全の基盤となるのがセキュリティ・クリアランス制度である。わが国においては、2013年に特定秘密保護法が制定されたものの、その対象は防衛、外交等に基本的に限定されていたが、２０２４年5月に成立した重要経済安保情報保護活用法によって、経済安全保障分野のセキュリティ・クリアランス制度が創設された。現在、その施行に向けて準備が進められているが、特定秘密保護法とのシームレスな運用を通じて、同盟国・同志国間ならびにわが国官民間の情報共有が促進されることによって、経済安全保障の確保に資することが期待される。

また、経済安全保障リスクを調査・分析するシンクタンクを設立し、産官学共通のリテラシーを醸成すべきである。そうすることによって、戦略的自律性を確保すべき物資・技術ならびに戦略的不可欠性を維持・獲得すべき重要な物資・技術を適切に選定することができるようになり、いわゆる“small yard, high fence”の貫徹にも資することとなる。

企業は、経営リスクを的確に把握し、研究開発対象の選定、投資先・取引先の選定、サプライチェーンの構築等に係る経営判断に適切に反映させていく。

1 政府の「国家安全保障戦略」（２０２２年12月改定）では、わが国の安全保障に関わる総合的な国力の主な要素として、外交力、防衛力、経済力、技術力、情報力が挙げられている。

2 安全保障を目的とする制約は可能な限り対象を絞り、リスクに見合ったものとする一方、安全保障の対象となり得る技術・情報等は国外流出を厳格に防止する、との意味。

3 Hannah Monicken,“Eyeing the U.S., WTO in ‘wait and see’ mode heading into 2025”(Inside U.S.

Trade's World Trade Online), December 27, 2024

4 Jeanne Metivier, Marc Bacchetta, Eddy Bekkers and Robert Koopman, "International Trade Cooperation's Impact on the World Economy" (Staff Working Paper ERSD-2023-02), 24 January, 2023

5 自由民主党「『経済安全保障戦略策定』に向けて」（2022年12月）は、戦略的自律性を「わが国の国民生活及び社会経済活動の維持に不可欠な基盤を強靭化することにより、いかなる状況の下でも他国に過度に依存することなく、国民生活と正常な経済運営というわが国の安全保障の目的を実現すること」とし、戦略的不可欠性を「国際社会全体の産業構造の中で、わが国の存在が国際社会にとって不可欠であるような分野を戦略的に拡大していくことにより、わが国の長期的・持続的な繁栄及び国家安全保障を確保すること」としている。

6 防衛省「令和6年版防衛白書」（2024年7月）

7 三菱総合研究所「ウクライナ危機で存在感増す「グローバルサウス」① 変わる国際秩序」（2023年5月）

8 経団連「グローバルサウスとの連携強化に関する提言」（2024年4月）では、各国・地域の状況が様々であることから、主要国・地域別の連携方針策定を提言。これを受け、政府の「グローバルサウス諸国との新たな連携強化に向けた方針」（2024年6月）では、テーラーメイドなアプローチを検討することを明記。

9 ここに記載した施策の多くは経団連「公正・公平で強靭かつ持続可能な貿易投資環境を求める—自由で開かれた国際経済秩序の再構築に関する提言—」（2024年6月）に基づく。

10 輸出国の国内価格よりも低い価格による輸出が、輸入国の国内産業に被害を与えている場合、その価格差を相殺する関税を賦課する措置。

11 政府補助金を受けて生産等がなされた貨物の輸出が輸入国の国内産業に損害を与えている場合に、当該補助金の効果を相殺する目的で賦課される関税措置。

12 特定品目の貨物の輸入の急増が、国内産業に重大な損害を与えていることが認められ、かつ、国民経済上緊急の必要性が認められる場合に、損害を回避するための関税を賦課または輸入数量を制限する措置。

13 「Multi-Party Interim Appeal Arbitration Arrangement」の略。同枠組みの参加国は、参加国間のWTOに係る紛争について、機能停止中の上級委員会に申し立てず、WTO協定に基づく仲裁を、上級委員会に代わる紛争解決手段として用いることに政治的にコミットする。

14 日本、オーストラリア、ブルネイ、カナダ、チリ、マレーシア、メキシコ、ニュージーランド、ペルー、シンガポール、ベトナムの11か国により署名・発効。

15 中国、台湾、エクアドル、コスタリカ、ウルグアイ、ウクライナ、インドネシア。このうち、コスタリカは、2024年11月に開催された第8回TPP委員会において、加入手続の開始が決定されている。

16 コンピュータに行わせる手順・計算方法であるアルゴリズムは、企業の重要なノウハウであることから、国が企業に開示を求めることを原則禁じることにより、データを扱う企業が安心して海外進出できる環境を整えることが重要である。

17 ガバメントアクセスは民間部門が保有するデータに政府がアクセスすること。これを必要なものに限定し、データ保護と国家安全保障や公益目的との比例性を確保すること、有効な救済メカニズムの対象とすることが求められる。

18 行政審査や許認可プロセス等を通じて、外国企業から国内企業への技術移転を要求したり圧力をかけたりすること。

19 ASEAN10か国（ブルネイ、カンボジア、インドネシア、ラオス、マレーシア、ミャンマー、フィリピン、シンガポール、タイ、ベトナム）、日本、中国、韓国、豪州、ニュージーランドが参加する経済連携協定。2022年1月1日から順次発効。

20 経団連「AZEC構想の推進に関する提言」（2024年7月）も参照。ルール形成については、サプライチェーンのゼロエミッション化、グリーン製品市場の構築、二国間クレジット制度（JCM）のパートナー国拡大・活用促進等が考えられる。また、ファイナンスについては、民間のトランジションファイナンスの拡充での協力が考えられる。

21 シンガポールが2024年5月のWTO一般理事会に「責任あるコンセンサス」を提出し、意思決定にあたって次のような態度で臨むべきと主張。自国の利益の追求にあたってWTOの組織的な利益を害さないこと、交渉においては柔軟性を発揮し合意の達成に向けて妥協することでウィンウィンのアプローチを採ること、事実やエビデンスに基づいた交渉を実施すること。

22 基準の内容としては、鉱工業製品関税の撤廃、資源・エネルギー・食料の輸出制限の回避、直接投資に関するパフォーマンス要求の制限、DFFTなどが考えられる。

23 自国民と同様の権利を相手国の国民や企業に対しても保障すること。

24 庄司克宏 中央大学教授「国際的な規制パワーに功罪 EUの影響力と課題」（日本経済新聞 2023年3月1日）

25 ここに記載の多くは経団連「グローバルサウスとの連携強化に関する提言」（2024年4月）に基づく。

26 経団連提言「戦略的なインフラシステムの海外展開に向けて―2022年度版」（2023年3月）も参照。

27 経団連提言「戦略的なインフラシステムの海外展開に向けて―2022年度版」（2023年3月）、

28 経団連「グローバルサウスとの連携強化に関する提言」（２０２４年4月）に加えて、経団連「海外から選ばれるインフラシステムの展開に向けて～「２０３０年を見据えた新戦略骨子」を踏まえて～」（２０２４年10月）を参照。

29 例えば、トランジションファイナンスやＡＩガバナンスに関するルールづくりが考えられる。

30 経団連「海外から選ばれるインフラシステムの展開に向けて～「２０３０年を見据えた新戦略骨子」を踏まえて～」（２０２４年10月）を参照。

31 アフリカの若者のための産業人材育成イニシアチブ（African Business Education Initiative for Youth）。アフリカの産業人材育成と、日本とアフリカのビジネスを繋ぐ架け橋となる人材の育成を目的として、アフリカの若者を日本に招き、日本の大学での修士号取得と日本企業などでのインターンシップの機会を提供するプログラム。２０１３年の第5回アフリカ開発会議（ＴＩＣＡＤ Ｖ）で日本政府から発表。

32 戦略的コミュニケーションについては、青井千由紀「戦略的コミュニケーションと国際政治」（２０２２年10月）を参考にした。

33 経団連「経済安全保障法制に関する意見―有識者会議提言を踏まえて―」（２０２２年2月）参照。

自由民主党「技術流出防止など経済安全保障の重要政策に関する提言」（２０２４年9月）を参照。

終章

本書のまとめ

本書では、日本の未来社会の姿と、その実現に必要な様々な施策について論じてきた。

第1章で論じた通り、日本の2040年を展望したとき、国内では少子高齢化・人口減少と、資源を持たない島国、という2つの制約条件、すなわち克服すべき課題が立ちはだかっている。さらに、自然災害の頻発・激甚化、生態系の崩壊、不安定な国際経済秩序といった様々な地球規模の問題も、わが国の将来に大きな影響を及ぼしている。

目指すべきは、こうした諸課題を乗り越え、将来世代が希望を持ち続けられる公正・公平で持続可能な社会を築くことである。そのための日本の経済・産業の姿は、課題解決を持続的な成長の源泉とする「科学技術立国」と「貿易・投資立国」の実現であり、国際社会においては、信頼され選ばれる国家にならなければならない。

目指すべき国家像を実現するためには、第2章と第3章で論じた、柱となる分野の施策を展開していく必要がある。

第2章のマクロ経済運営では、「成長と分配の好循環」を持続させ、分厚い中間層を形成することが最重要である。そのためには、「ダイナミックな経済財政運営」で官民の投資を拡大するとともに、賃金引上げモメンタムの維持・強化を図り、消費の底上げを図る必要がある。

第3章－Ⅰの全世代型社会保障については、国民の将来不安を払拭すべく、公正・公平で持続可能な制度構築を進めなければならない。税と社会保障の一体改革として、現役世代への負担が大きい社会保険料の増加抑制と、応能負担の徹底等による税財源確保が必要となる。さらに、労働参加促進型の制度とすべく、社会保険料の「年収の壁」を解消する取り組みも求められる。

Ⅱ、環境・エネルギー政策については、ＣＮの実現と、わが国の産業競争力強化や経済成長を両立させるべく、ＧＸを強力に推進しなければならない。政府はＧＸ経済移行債を活用し、民間のみでは困難な革新的技術の開発や、社会インフラへ投資を行い、官民連携で10年１５０兆円の投資目標の達成を目指す。Ｓ＋３Ｅを確保するためには、原子力を含む核エネルギーの利活用が不可欠であり、高速炉・高温ガス炉等の次世代革新炉や核融合の開発にも積極的に投資しなければならない。

Ⅲ、地域経済社会については、都道府県より広域のブロックとして「道州圏域」を一つの仮想単位とし、バーチャルな道州圏域ごとに、独自施策を実行できる仕組み、「新たな道州圏域構想」を推進する。各道州圏域が、農業・観光・エネルギー等の地域資源を活かした産業、スマートシティ・コンパクトシティ、地方大学のあり方などについて検討し、互いに切磋琢磨することを目指す。昨今の自然災害の頻発化・激甚化への対応として、将来の災害に備えた防災まちづくり、防災DXの活用、インフラの点検・再整備も推進する必要がある。

Ⅳ、イノベーションを通じた新たな価値創造については、イノベーション循環によって、経済成長と社会課題解決が持続的になされている社会＝Society 5.0+を目指す。そのためには、AI・デジタル、GX、バイオ、宇宙、コンテンツといった重要な分野に対し、官民が連携して長期計画的に投資する必要がある。イノベーションの重要な担い手であるスタートアップについては、世界共通の社会課題を解決し得るディープテック・スタートアップの創出に向け、研究とスタートアップの好循環、Science to Startupを推進する。

Ⅴ、成長を支える人材育成と研究力強化については、研究力を抜本的に強化すべく、トップ校支援の加速（高さの引上げ）と、科研費の倍増や基盤的経費の拡充等（裾野の拡大）を同時に行うべきである。こうした取り組みは、科学技術立国の実現に必要不可欠な博士人材の育成にもつながる。さらに、教育のグローバル化や初等中等教育の刷新も肝要である。

Ⅵ、多様な働き方については、持続的な賃金引上げを実現すべく、働き方改革、円滑な労働移動、多様な人材の活躍推進、労働法制の見直しが必要となる。特にジェンダーバイアスのない社会づくりとして、選択的夫婦別姓の導入や、公的年金における第3号被保険者制度の見直しを進めるとともに、社会全体で、アンコンシャス・バイアスを払拭する取り組みが求められる。

Ⅶ、経済外交については、法の支配に基づく自由で開かれた国際秩序の維持・強化を推進する。主体的な外交を通じて、グローバルサウスとの戦略的連携、二国間・複数国間のルール整備、WTO改革の加速を推し進め、貿易・投資立国の実現を目指す。同時に、外交力、防衛力、経済力・技術力、情報力等、総合的な国力を強化していくことも重要である。

本書では様々な課題や施策について論じてきたが、相互に絡み合う「入れ子構造」を成していることに留意しなければならない。個々の分野だけの部分最適ではなく、全体最適の視点で進めることが必要である。そのために、政府のみならず、企業も含めたステークホルダー全体で社会性の視座に基づいて問題意識を共有し、国民理解を得ながら、連携して施策を遂行しなければならない。

おわりに

はじめに申し上げた通り、ＦＤ２０４０は、日本の未来社会の姿を描いたものです。未来を議論する以上、当然ながら、わが国の明るい未来を語るべきところなのですが、足元を見渡し、正論を発することに思いを馳せれば、そうも言ってはいられません。さらに、非常に残念なことではありますが、世の中を見渡せば、分断・対立がより一層深刻化し、混迷の時代を迎えようとしていると言わざるを得ません。

なぜ、このような状況になっているのでしょうか。私自身は、その根底には、「格差の問題」に対する、人々の怒り、不安があるように思えてなりません。「衣食足りて礼節を知る」という言葉があるように、日々の暮らしが安定してこそ、人々は理性的な判断が可能となると考えます。

それでは、我々は、未来のために何をすべきなのでしょうか。ＦＤ２０４０のなかで、繰り返し申し上げてきたキーワードは「成長と分配の好循環」です。まさにこういう時代に必要な言葉だと思います。もちろん、持続的な成長なくして、我々の経済社会は成り立ちえません。しかしながら、行き過ぎた資本主義の弊害を例に出すまでもなく、成長がすべて、成長だけですべてが解決するわけではないと私は考えます。やはり、同時に分配の議論なくして、持続的な成長が成し遂げられないことも、繰り返し申し上げてきた通りです。そして、はじめに述べたように、より良き社会なくして経済は成り立ちえないと考えます。このＦＤ２０４０での議論を通じて、経団連は、この本のサブタイトルでもある「公正・公平で持続可能な社会」を目指して、引き続き「成長と分配の好循環」の実現に正面から向き合い、取り組んでまいります。

最後になりますが、ＦＤ２０４０の取りまとめにあたっては、経団連の副会長や審議員会議長・副議長の方々にたいへん熱心にご議論いただきました。また、内容の充実を図るべく、複数の有識者の方々にも議論を交わす機会をいただきました。ご協力いただいた皆様に感謝の意を申し述べたいと思います。

２０２５年4月

（一社）日本経済団体連合会 会長　十倉雅和

装幀　中央公論新社デザイン室
図版作成・ＤＴＰ　市川真樹子

十倉雅和（とくら・まさかず）

1950年、兵庫県生まれ。74年東京大学経済学部卒業後、住友化学工業（現・住友化学）入社。94年住友化学ベルギーS.A./N.V.出向。2003年執行役員 技術・経営企画室部長。08年代表取締役常務執行役員 情報電子化学部門統括、09年代表取締役専務執行役員、11年代表取締役社長、19年代表取締役会長。21年一般社団法人日本経済団体連合会会長。

一般社団法人 日本経済団体連合会

1946年に発足した経済団体連合会と、48年に発足した日本経営者団体連盟を、2002年に統合した総合経済団体。日本の主要企業1,542社、主要な業種別全国団体106団体、地方別経済団体47団体などから構成される（2024年4月1日現在）。内外の広範な重要課題について、経済界の意見を取りまとめ、着実かつ迅速な実現を働きかけている。

FUTURE DESIGN 2040
――成長《せいちょう》と分配《ぶんぱい》の好循環《こうじゅんかん》
公正《こうせい》・公平《こうへい》で持続可能《じぞくかのう》な社会《しゃかい》を目指《めざ》して

2025年 5 月10日　初版発行
2025年 6 月20日　再版発行

著　者　十《と》倉《くら》雅《まさ》和《かず》

発行者　安 部 順 一

発行所　中央公論新社

〒100-8152　東京都千代田区大手町1-7-1
電話　販売 03-5299-1730　編集 03-5299-1740
URL https://www.chuko.co.jp/

印　刷　TOPPANクロレ
製　本　大口製本印刷

Published by CHUOKORON-SHINSHA, INC.
Printed in Japan　ISBN978-4-12-005917-9　C0033

定価はカバーに表示してあります。落丁本・乱丁本はお手数ですが小社販売部宛にお送り下さい。送料小社負担にてお取り替えいたします。